陕西省社会科学基金项目(2023P049)

回应与支持
师幼互动的多维呈现

田　方 ◎ 著

陕西师范大学出版总社　西安

图书代号　ZZ24N0847

图书在版编目(CIP)数据

回应与支持：师幼互动的多维呈现 / 田方著.
西安：陕西师范大学出版总社有限公司, 2024.6.
ISBN 978-7-5695-4468-8

Ⅰ. G612

中国国家版本馆 CIP 数据核字第 2024LV2743 号

回应与支持：师幼互动的多维呈现
HUIYING YU ZHICHI：SHIYOU HUDONG DE DUOWEI CHENGXIAN

田　方　著

责任编辑	钱　栩
责任校对	王东升
封面设计	金定华
出版发行	陕西师范大学出版总社
	（西安市长安南路199号　邮编 710062）
网　　址	http://www.snupg.com
印　　刷	西安报业传媒集团
开　　本	787 mm×1092 mm　1/16
印　　张	12
字　　数	230 千
版　　次	2024 年 6 月第 1 版
印　　次	2024 年 6 月第 1 次印刷
书　　号	ISBN 978-7-5695-4468-8
定　　价	59.00 元

读者购书、书店添货或发现印装质量问题，请与本社高等教育出版中心联系。
电话：(029)85303622(传真)　85307864

目 录

第一章 绪论 ······ 1
  第一节 研究背景与动机 ······ 1
  第二节 师幼互动的研究意义 ······ 5
  第三节 师幼互动的概念及内涵 ······ 7

第二章 师幼互动研究的述评 ······ 12
  第一节 师幼互动的行为本质及类型划分 ······ 12
  第二节 师幼互动与儿童发展的关系 ······ 17
  第三节 师幼互动的影响因素 ······ 23
  第四节 互动中的话语分析与微观情境分析 ······ 27
  第五节 我国师幼互动质量分析及对策梳理 ······ 36

第三章 幼儿园半日活动情境中的师幼互动分析 ······ 44
  第一节 课堂互动评估系统(CLASS)视角下的师幼互动 ······ 44
  第二节 幼儿园半日活动情境下师幼互动的表现 ······ 49
  第三节 教师背景因素对师幼互动的影响 ······ 78

第四章 高质量师幼互动的实践特征 ······ 100
  第一节 取样与聚焦 ······ 100
  第二节 聚焦不同主题下的高质量师幼互动 ······ 104
  第三节 高质量师幼互动的特点分析 ······ 118

第五章 幼儿园集体教学活动中的微观互动分析 ······ 123
  第一节 微观互动分析的理论基础 ······ 124
  第二节 幼儿园集体教学活动中的互动分析 ······ 132
  第三节 教学活动中的互动特征及拓展 ······ 146

第六章　师幼互动质量的提升策略 …………………………… 152
第一节　幼儿教育相关部门支持师幼互动质量提升的建议 ……… 152
第二节　教师提升师幼互动质量的策略 ………………………… 155
第三节　结语 ……………………………………………………… 159

参考文献 …………………………………………………………… 160
附录 ………………………………………………………………… 178
后记 ………………………………………………………………… 185

图表目录

图 2-1-1　师生互动模型 ……………………………………… 15
图 2-5-1　伞状空间 …………………………………………… 36
图 2-5-2　散状空间 …………………………………………… 36
图 2-5-3　师幼、幼幼间相互作用模式 ……………………… 40
图 3-1-1　CLASS 的维度和领域框架 ……………………… 44
图 5-2-1　座位分布及 S3 观察角度示意图 ………………… 132
图 5-2-2　S3 指向三角形 …………………………………… 134
图 5-2-3　S3 指向椭圆 ……………………………………… 134
图 5-2-4　教师用手势表示"扁扁的" ……………………… 136
图 5-2-5　教师用手势表示"圆圆的" ……………………… 139
图 5-2-6　教师用手势表示圆形轮廓 ………………………… 139

表 3-2-1　161 名教师的年龄及教龄分布情况 ……………… 48
表 3-2-2　样本教师的学历和职称分布情况 ………………… 49
表 3-2-3　教师在 CLASS 10 个维度上得分的平均数标准差以及
　　　　　全距 ………………………………………………… 54
表 3-2-4　161 名教师在 CLASS10 个维度上的得分频率分布
　　　　　………………………………………………………… 55
表 3-2-5　教师在 CLASS 三大维度上的平均数与标准差分析表
　　　　　………………………………………………………… 57
表 3-2-6　CLASS 得分在三大维度上的相关 ……………… 58

表 3-2-7　课堂互动评估系统 CLASS 中 10 个维度之间的相关 …………………………………………………………… 69

表 3-2-8　不同类型活动中教师 CLASS 得分的平均数和标准差 …………………………………………………………… 60

表 3-2-9　师幼互动在不同类型活动中各维度上的差异 ………… 61

表 3-2-10　不同组织形式的活动中教师师 CLASS 得分的平均数和标准差 ……………………………………………… 62

表 3-2-11　师幼互动在不同组织形式的活动中各维度上的差异 …………………………………………………………… 64

表 3-3-1　161 名教师的年龄及教龄分布情况 ………………… 77

表 3-3-2　样本教师的学历和职称分布情况 …………………… 77

表 3-3-3　教师工龄在师幼互动水平上的差异情形 …………… 79

表 3-3-4　教师职称在 CLASS 三大维度上的差异情形 ………… 81

表 3-3-5　教师职称在师幼互动中班级管理和教育支持各子维度的差异 ……………………………………………… 82

表 3-3-6　教师学历在师幼互动下各维度上的差异情形 ……… 83

表 3-3-7　不同园所级别的教师在师幼互动各维度上的差异情形 …………………………………………………………… 85

表 4-1-1　二次观察的样本教师基本信息 ……………………… 98

表 4-1-2　师幼互动的主题划分 ………………………………… 100

表 5-2-1　访谈教师的基本情况 ………………………………… 132

第一章 绪 论

随着我国学前教育事业的不断发展，师幼互动已逐渐成为评估学前教育质量的关键要素，关于师幼互动的研究已成为我国学前教育领域研究的重要话题之一。师幼互动的质量关系到儿童的身心发展及学前教育质量，有关师幼互动的研究也有助于唤醒教师作为主体的反思性意识。本章内容旨在说明有关师幼互动研究的一些基本问题。共分三节：第一节说明研究的背景与研究动机；第二节关注师幼互动的研究意义；第三节阐述师幼互动的概念及内涵。

第一节 研究背景与动机

一、师幼互动是评估学前儿童教育质量的关键要素

互动是个人与个人之间、群体与群体之间通过语言或其他手段传播信息而发生的相互依赖性行为的基本过程。幼儿园是儿童早期社会化的重要场所之一，为儿童提供了多样化的人际互动平台。幼儿园教育不仅是以知识、技能的传递和学习为基础的教育过程，也是以个体心理品质的培养为主线的发展过程，而且还是以人际互动为中心的社会过程，因此，幼儿园教育除了是"教育活动"以外，也是一种特殊的"社会活动"。[1] 随着研究的深入，人们日益意识到，交往是儿童个体与周围环境相互作用的一种重要活动形式——儿童与父母、教师、同伴等"重要他人"的互动，是儿

---

[1] 黄娟娟. 幼儿园半日活动中师幼互动类型及成因的社会学研究[J]. 上海教育科研, 2009(2): 43-46.

童主体性建构和发展的重要途径。① 学前儿童与教师之间的互动是贯穿于幼儿园一日生活中最核心的人际互动，学前儿童在与教师的互动中发展自我，建构自己的行为，同时，教师在与儿童的互动中，履行着教育者的职责，实现着幼儿园的教育功能。② 任何一种教育理念、教育目标、教育方案、教育计划的实施总要借助于人与人之间的互动才能实现，对于学前儿童来说，要借助与教师的行为互动才能实现其发展。这一认识在一定程度上带动了人们特别是学前儿童教育研究者关注重心的转移。自 20 世纪 90 年代中期以来，研究者们将研究的着眼点转向师幼关系、师幼互动层面。③ 过程性质量是学前教育质量的重要组成部分，主要指与儿童学习和生活经历直接相关的人际互动的质量（动态质量），包括师幼互动、同伴互动、课程、家长参与等质量要素。④ 美国幼儿教育研究中心负责人、弗吉尼亚大学罗伯特·皮安塔教授认为教室设施、师幼比例、教师学历、幼儿园课程等并不是评估幼儿园的关键因素，师幼互动的质量才是最应该关注的因素。⑤ 我国的《幼儿园教育指导纲要（试行）》明确提出："教师应关注幼儿在活动中的表现和反应，敏感地察觉他们的需要，及时以适当的方式应答，形成合作探究式的互动。"⑥ 全美幼教协会《幼儿教育机构质量标准与认证标准》指出，关系质量标准与教学质量标准重点评估班级过程性质量，与课程实践有关，其核心内容可以概括为师幼互动。⑦ 可见，师幼互

---

① HAMRE B K, PIANTA R C. Early teacher-child relationships and the trajectory of children's school outcomes through eighth grade [J]. Child development, 2001, 72(2): 625 – 638.

② 马玲亚. 对幼儿园师幼互动若干问题的思考[J]. 中华女子学院学报, 2005(2): 65 – 68.

③ 王文乔. 教育机会均等视野下师幼互动研究: 以上海市 A 幼儿园中班为个案[D]. 重庆: 西南师范大学, 2008.

④ LOCASALE CROUCH J, KONOLD T, PIANTA R, et al. Observed classroom quality profiles in state-funded pre-kindergarten programs and associations with teacher, program, and classroom characteristics[J]. Early childhood research quarterly, 2007, 22(1): 3 – 17.

⑤ MUNRO S. Opportunity lies in teacher-child interaction [J]. Education digest: essential readings condensed for quick review, 2008, 73(6): 46 – 48.

⑥ 教育部基础教育司.《幼儿园教育指导纲要（试行）》解读[M]. 南京: 江苏教育出版社, 2002: 37.

⑦ NAEYC. Academy for early childhood program accreditation[EB/OL]. [2023 – 11 – 15]. http://www.naeyc.org/accreditation/early-learning/process.

动是评估幼儿园过程性质量的重要指标,是确保学前教育质量提升的核心要素。

二、师幼互动对儿童发展具有重要影响

维果茨基指出,儿童是在社会互动中不断发展的,儿童在与他人的共同生活中进行社会互动,对于儿童如何学习思考、推理和交流具有重要作用,与成人的互动有助于儿童获得更广泛的知识和能力。脑科学研究者发现,儿童早期与他人及周围环境的积极互动有助于促进其大脑的发育,[1]幼儿园是儿童较早接触的社会环境之一,教师是儿童早期发展的重要他人,良好的师幼互动对儿童的发展具有积极作用。师幼互动是影响幼儿发展的重要因素,它对幼儿的认知发展和适应,特别是情感适应、学习过程、行为发展以及人际关系等方面均有重要影响作用。师幼关系的质量对于儿童短期和长期的良好发展有着重要的意义。[2] 研究发现,与教师有情感安全性关系的儿童对同伴更为友好,在互动中很少发出侵犯性行为。[3]费尼等人研究发现,在教师与儿童的互动交往中,其对儿童的尊重与细致的关怀,对于儿童建立安全感、自信心以及产生对事物积极的探索欲都是必不可少的。[4] 还有研究指出,师幼互动的质量会影响到儿童的长远发展。如果儿童在幼儿园能够与教师进行积极的、有效的互动,那么他们就会更喜爱和尊重教师,这些积极的情感经验有利于他们更快速地适应环境,同时对他们入学后的学业成绩水平也会有一定的预测作用。[5] 师幼互动的质量还会影响儿童在幼儿园的适应情况,如积极的师幼互动有利于儿童形成良好的自我控制能力和习惯。此外,高森、林奇的研究还发现,积极有效

---

[1] CHILD T N. Young children develop in an environment of relationships[R]. National scientifc council on the developing child,2004.

[2] O'CONNOR E,MCCARTNEY K. Examining teacher-child relationships and achievement as part of an ecological model of development[J]. American educational research journal,2007,44(2):340-369.

[3] 巨金香. 情感视域中的师幼互动研究[D]. 长春:东北师范大学,2006.

[4] FEENEY S, CHRISTENSEN D, MORAVCIK E. Who am I in the lives of children? An introduction to teaching young children[M]. Columbus,OH.:Charles E. Merrill, 1996:19-23.

[5] 皮雅塔,涂阳慧. 师幼互动研究[J]. 幼儿教育(教育科学版),2009(6):9-11.

的师幼互动能够补偿家长与儿童之间不安全的亲子依恋，还会对儿童与同伴互动时的主动性、能力、态度、互动行为和过程产生重要的影响。[1] 高质量的师幼互动对处境不利的儿童的发展有更积极的作用。[2] 因此，关注师幼互动的质量，是促进儿童全面发展的必要条件之一。

三、师幼互动研究有助于唤醒教师作为主体的反思性意识

师幼互动一方面是儿童进行主体建构和发展的重要途径，另一方面对教师的主体发展也有着重要的作用。师幼互动本身是一个双向建构的过程，不仅对儿童的成长和发展有积极的作用，同时教师也可以从中积累经验和获取专业成长的养分，并在不断地反思中提高自己的专业水平，从而实现师幼双方在师幼互动中主体的积极建构和发展。[3] 作为教师要为与儿童之间的互动提供良好的教室环境以及心理环境，这些互动不仅是互惠的（如，教师行为影响着儿童的行为，反之也是一样的），而且对师幼间关系的建立也有一定的影响。[4] 有关师幼互动的研究对教师专业成长有着重要作用，师幼互动的研究可以帮助教师逐步地转变教育理念，变换视角，走进儿童；确立"以儿童为主体"的儿童观；确立"合作探究，共同建构"的教育观；师幼互动的研究是一段成长的历程，是一段重新认识儿童、重新认识教育、重新定位教师的过程。[5]

尽管学龄前儿童的课堂活动经验很重要，近年来美国的教育政策也开始强调学校和课堂应该尽可能多地为儿童的发展提供有效的支持，但是在

---

[1] HOWES C. Social-emotional classroom climate in child care child-teacher relationships and children's second grade peer relations[J]. Social development, 2010, 9: 194-204.

[2] LOCASALE CROUCH J, KONOLD T, PIANTA R, et al. Observed classroom quality profiles in state-funded pre-kindergarten programs and associations with teacher, program, and classroom characteristics[J]. Early childhood research quarterly, 2007, 22(1): 3-17.

[3] 郭芸芸. 幼儿园游戏活动中师幼互动现状研究[D]. 重庆：西南大学，2004.

[4] SAMEROFF A J, MACKENZIE M J. Research strategies for capturing transactional models of development: the limits of the possible[J]. Development and psychopathology, 2003, 15(3): 613-640.

[5] 周欣. 师幼互动和教育环境创设[J]. 幼儿教育，2005(19): 10-12.

幼儿园及小学开展的与课堂互动质量相关的研究却很少。[①] 从目前我国师幼互动的研究现状来看，大多数研究集中于对师幼互动的理论研究，如师幼互动的结构、机制、类型，以及某一特定活动情境下的师幼互动分析；对于师幼互动的研究，现状描述得多，多角度全面的分析较少。而在现实中，师幼互动确实存在着差异问题，主要表现在互动方式、互动机会、互动内容等方面。师幼互动的这些差异在客观上对学前儿童学习的动机、学习过程与效果都会带来不同程度的影响。因此，多角度地了解师幼互动的现状，研究师幼互动中的基本问题，提高师幼互动的质量，对推动学前教育改革、促进学前儿童身心健康和谐发展、提升学前教育质量都有着重要的现实意义。

第二节 师幼互动的研究意义

良好的师幼互动是实现幼儿园各项教育活动目标的重要保障，也是促进儿童全面发展的重要因素，是教师提升自身教育机智、专业实践能力的重要途径之一。进入社会主义新时期，党和国家高度重视学前教育事业的发展，提升学前教育质量是当前学前教育事业发展的关键，随着社会的发展和研究的不断深入，师幼互动质量已成为评估学前教育质量的重要指标，关注师幼互动质量，也是学前教育事业可持续发展的关键。

一、理论意义

（一）进一步丰富和扩展有关师幼互动研究的内容和问题

在理论方面，本研究基于课堂互动评估系统（CLASS）的观察以及个案观察和访谈记录等方法分析当前师幼互动的现状，并探讨影响师幼互动的相关因素，以及"情感支持（ES）""班级管理（CO）""教育支持（IS）"3个维度下的师幼互动，探析高质量师幼互动的特点，从而进一步丰富我国已有的师幼互动研究。此外，借鉴课堂话语分析的相关理论及基

---

① LA PARO K M, PIANTA R C, STUHIMAN M. The classroom assessment scoring system: Findings from the prekindergarten year[J]. Elementary school journal, 2004, 104(5): 409-426.

于视频的微观分析法，深入分析幼儿园集体教学活动中的互动特点，进一步丰富学前教育领域师幼互动研究的视角和方法。

自20世纪90年代中期以来，我国学者已逐渐将研究的着眼点转向师幼关系、师幼互动的层面。20年来，研究者们立足于不同视角，对于师幼互动有了广泛的探讨，但是客观地说，到目前为止我国学前教育界关于师幼互动问题的研究还较为薄弱，这种状况显然与师幼互动在学前教育中所占的重要地位不太相称。同时师幼互动的主体是人，而人的行为总是受到一定思想观念的影响，正如有研究者认为，要想了解教师为什么与学前儿童是这样互动而不是那样互动，就要了解教师行为背后的主观世界。[①] 本研究将结合对师幼互动的实地观察以及对教师正式和非正式的访谈，通过对不同活动情境下师幼互动现状的阐述，进一步揭示其中存在差异的原因，并结合对高质量和低质量师幼互动教师行为的对比，归纳出高质量师幼互动的特点，进而基于视频的微观分析，探讨在具体情境中儿童是如何在互动中学习的，从而深化我国有关不同活动情境下的师幼互动研究。

（二）为师幼互动研究方法和工具的开拓创新奠定一定的基础

根据对文献及相关资料的检索发现，目前我国已有的师幼互动研究多集中于理论上的分析、互动主题上的探讨以及个案的观察，且样本量都比较小。为此，本研究以幼儿园半日活动情境为背景，通过使用课堂互动评估系统（CLASS）的评价工具，从"情感支持（ES）""课堂管理（CO）"及"教育支持（IS）"等方面，对上海市41所幼儿园的161位教师的班级互动状况进行现场观察，然后结合后期对个别样本的观察和访谈，作为全书数据及相关资料收集的源头。在此基础上，本研究从发展心理学、人类发展生态学、社会建构主义等相关理论出发，立足于"情感支持（ES）""课堂管理（CO）"及"教育支持（IS）"等三个大维度，依据数据、资料的分析来探讨影响师幼互动的因素，进一步丰富幼儿园教育活动评价研究及师幼互动的相关量化研究。

本研究基于幼儿园半日活动情境进行深入观察，结合案例和访谈，在

---

① 王文乔.教育机会均等视野下师幼互动研究:以上海市A幼儿园中班为个案[D].重庆:西南师范大学,2008:16.

量化分析的基础上，进行高质量师幼互动的质性分析。同时，借鉴课堂互动分析的研究，结合基于视频的微观分析和以视频为线索的访谈法，深入阐释幼儿园教育活动中的互动以及"背景""物"在师幼互动中的作用，拓展学前领域有关师幼互动的研究方法。

二、实践意义

（一）为促进教师教学反思和教育行为改善提供借鉴与思考

在实践方面，利用课堂互动评估系统（CLASS）的量化观察记录与质性分析相结合的方法，对当前师幼互动的真实状况做以分析，借此梳理出影响幼儿园半日活动情境下师幼互动的主要因素；通过个案观察及个别访谈，归纳出高质量师幼互动的特点，以帮助教师反思自己的师幼互动行为；以高质量师幼互动中教师的行为为榜样，从中汲取经验，不断思考和改进自己的教育行为，提高自身开展师幼互动的能力，从而提高教学质量，促进幼儿更好更健康地发展。

此外，本研究访谈中通过视频记录的师幼互动场景和过程，也有助于教师作为主体，在观看视频中置身真实情境，深入思考师幼互动的发生和作用。

（二）为提高幼儿园师幼互动质量提供鲜活生动的案例和参考

本研究提供的基于教育现场的文本性资料及相关个案分析，再现了当前师幼互动的真实状况，生动、鲜活的案例将有助于教师在对比自身教育行为的同时发现问题、解决问题，从而促进自身专业的成长。基于上述的研究，针对幼儿园半日活动中师幼互动质量的提升，立足于幼儿教育相关部门及广大一线教师的实际，本研究提出了一些针对性的建议，从而有助于相关部门增强对幼教事业的关注，不断改进管理模式，更好地支持幼教事业的发展；同时，也有利于教师在教育中改善教育行为及互动方式，提高师幼互动的质量，日益成长为具有较高专业素养的幼儿教师。

第三节 师幼互动的概念及内涵

有关师幼互动理论层面上的研究，国内外学者主要是从社会学、教育社会学等方面对师生（幼）互动的概念、内容、划分类型以及行为本质展开研究。

一、互动的内涵

互动，最初称社会互动，是社会学的基本概念，现在已经成为社会心理学和教育社会学中的一个重要概念，被广泛运用于社会生活的各个方面，人们对其概念的界定也随着领域的不同而各不相同。19世纪社会学家们运用互动的概念来解释社会学现象，逐渐形成了有丰富理论内容的"社会互动论"学说。社会学家布诺恩、布卢姆、鲍恩杰姆等人认为，社会互动是人与人之间发生的相互依赖性的社会交往活动。① 社会互动理论认为，互动是一个相互作用的过程，在这个活动的过程中，人们习得了意义与象征符号，从而得以运用人类独特的思维能力，同时人们又能够依据其对情境的解释，来修改或改变意义与象征符号。《社会学词典》指出，互动是指人与人之间的心理交互作用或行为的相互影响，是一个人的行为引起另一个人的行为或改变其价值观的过程。②

我们通常所说的互动是相对狭义的互动，指在具体情境与一定的社会背景下，人与人之间发生的各种形式、各种性质、各种程度上的相互作用和影响。它既可以是指在一定情境中人们通过交换信息和行为所导致的相互之间心理和行为上的改变，也可以是人与人之间交互作用和相互影响的方式和过程，从而表现为一个包含互动环境、互动主体、互动过程和互动结果等要素的、动态和静态相结合的系统。③ 郑杭生认为，所谓社会互动，是指社会上人与人、群体与群体之间通过接近、接触或手势、语言等信息的传播而发生相互依赖行为的过程。综上所述，研究者认为互动应当包含以下3层基本含义：一是互动必须是发生在两个或两个以上个体之间的；二是互动并不是个体或群体之间的单纯接近，而应该是以个体或群体之间有相互依赖的行为存在为前提的；三是个体或群体之间的互动是通过语

---

① 程晓樵. 课堂互动中的均等机会：对中国小学的个案研究［D］. 香港：香港中文大学，2000：44.
② 章人英. 社会学词典［M］. 上海：上海辞书出版社，1992：151.
③ 庞丽娟. 教师与儿童发展［M］. 北京：北京师范大学出版社，2003：157.

言、文字或其他途径传播信息而相互作用的过程。[①]

二、师幼（生）互动的概念

师生互动是社会互动的一种特殊形式。吴康宁认为，师生互动从本质上讲，是一个包括发生在多种情景中的、具有多种形式、多种内容的互动体系。[②] 亢晓梅指出，师生互动是指教师与学生以教育为中心所形成的各种依赖性行为的总称。[③] 庞丽娟指出，师生互动特指发生在师生双方之间的一切交互作用和影响，它是师、生各自人际互动系统中的一种特殊和主要的形式。[④] 佐斌认为，师生互动有狭义和广义之分。狭义的师生互动是指在教育教学情景下教师个体与学生个体或群体之间在活动中的相互作用和影响。广义上是指教师和学生之间的一切相互作用和相互影响，不论这种影响是发生在师生群体之间还是师生个体之间，是发生在教育教学情景之下还是发生在教育情景之外的社会背景中，都会导致双方心理与行为发生同向变化或反向变化。[⑤] 有研究者指出，师幼互动其实是从师生互动分化出来的概念。在《辞海》中，"互动论"被解释成"相互作用论"，因而师幼互动可以简单地理解为教师和儿童之间的相互作用。刘晶波指出，广义上的师幼互动既包括发生在亲子机构教师与3岁前儿童之间的互动，也包括发生在幼儿园教师与3~6岁儿童之间的互动，狭义的师幼互动专指发生在幼儿园教师与3~6岁儿童之间的互动。我们通常所说的师幼互动主要是指狭义上的师幼互动，即指发生在幼儿园的师幼互动。师幼互动可以因其参与主体的不同而分为3种，即教师与全班儿童的互动、教师与小组儿童的互动和教师与儿童个体的互动。[⑥] 柳卫东、左瑞勇等研究指出，

---

① 亢晓梅. 师生课堂互动行为策略研究[D]. 重庆：西南大学教科所，2000：8.
② 吴康宁. 课堂教学社会学[M]. 南京：南京师范大学出版社，1999：192-202.
③ 亢晓梅. 师生课堂互动行为本质的社会学分析[J]. 天津市教科院学报（课程与教学研究），2000(6)：29-31.
④ 庞丽娟. 教师与儿童发展[M]. 2版. 北京：北京师范大学出版社，2003：157.
⑤ 佐斌. 师生互动论：课堂师生互动的心理学研究[M]. 武汉：华中师范大学出版社，2002：76.
⑥ 刘晶波. 社会学视野下的师幼互动行为研究：我在幼儿园里看到了什么[M]. 南京：南京师范大学出版社，2006：20.

师幼互动是指在幼儿园一日生活各环节中教师与儿童之间以师生接触为基础的双向人际交流。它的内涵包括3个方面：首先，师幼互动是建立在师生接触基础上的，师生接触是师幼互动的直接表现，没有师生接触，就不可能存在师幼互动。其次，师幼互动贯穿于幼儿园一日生活各环节之中，游戏、学习活动以及各个生活环节均应体现师幼互动。最后，师幼互动的实质是一种双向的人际交流，体现为发起与反馈的关系，教师与幼儿无论哪一方先发起，对方都应有反馈，根据反馈信息，发起者再发起，反馈者再反馈，从而形成一种循环。[1] 黄娟娟指出，师幼互动是指在幼儿园一日生活各环节中，教师和幼儿之间发生的各种性质、形式、程度的行为或心理交互作用的相互影响。这种交互作用或相互影响既可以发生在有组织的教育教学活动中，也可以发生在一些游戏或者非正式的区域活动中；其内容也相对复杂，既有教师对儿童的知识传递、规则培养、行为指导、情感教育、生活能力培养等，也有儿童向教师提出问题、寻求指导与帮助发表观点和看法等。[2] 还有研究指出，师幼互动是发生在教师和儿童之间的一种特殊的人际间互动，其内涵可分为狭义和广义两个方面。狭义的师幼互动是指教师和儿童之间发生各种性质、形式和程度的相互影响和相互作用的过程，在这一过程中教师与儿童是两个相对独立的、平等的主体。而广义的师幼互动除了师幼双方交往和相互作用的过程外，还包括相互作用的背景、内容、机制和结果等。[3]

三、本研究中师幼互动的内涵

（一）本研究中师幼互动的内涵

综合以上互动和师生、师幼互动的相关概念，本研究认为师幼互动应包含如下特征：

---

[1] 柳卫东,左瑞勇. 师幼互动的理论基础与实践背景[J]. 学前教育研究,2004(Z1): 52-53.

[2] 黄娟娟. 师幼互动类型及成因的社会学分析研究:基于上海50所幼儿园活动中师幼互动的观察分析[J]. 教育研究,2009,30(7):81-86.

[3] 范海霞,卢清. 基于师幼平等视角下的师幼互动[J]. 幼儿教育（教育科学版）,2010(1/2):34-37.

（1）师幼互动的发生必须是以教师和儿童为主体的、双向的交流。

（2）师幼互动是为了解决某一具体问题或围绕着某一主题而展开的。

（3）师幼互动既包括由教师发起的，也包括由儿童发起的。

（4）师幼互动的过程应该是师幼双方通过语言或非语言的方式（如符号、姿态、表情等）交换信息或行为的过程。

（5）就师幼互动的结果而言，师幼双方都有可能通过反馈在行为或者心理上发生一定的改变（如情感体验、满意程度等）。

（6）师幼互动是动态和静态、隐性与显性相结合的系统。

故本研究的师幼互动，即幼儿园半日活动情境下的师幼互动，是指在幼儿园半日活动中，包括教学活动、区域活动、生活活动、运动活动等环节发生的师幼之间的语言与非语言上的互动行为。

（二）高质量师幼互动的内涵

所谓高质量师幼互动，本研究认为应呈现以下几个方面的特征：

（1）教师在与儿童互动中有积极的情感支持，即有一定的敏感性，能及时关注和回应儿童的学业和情感需要。

（2）教师在班级管理方面，能为儿童提供适当的活动材料，使儿童能参与并使学习机会最大化，且能适时地给予儿童以指导。

（3）在教育支持上，能通过有效的策略促进儿童讨论和思考，对儿童的观点能有及时的语言反馈，并呈现较好的语言示范性。

第二章 师幼互动研究的述评

20世纪70年代以来,在西方的教育社会学中,师生课堂互动行为已逐渐形成一个专门的研究领域,而且对于互动的分析角度及互动类型的分析都呈现跨学科、多方法相结合的特点,并产生了丰硕的研究成果。近年来,国内的相关研究也呈"燎原"之势。通过对国内外有关师幼互动研究文献的搜索整理,本章主要聚焦于如下方面的内容:第一,有关师幼课堂互动行为的本质及类型划分;第二,有关师幼互动与儿童发展的关系;第三,梳理师幼互动的影响因素;第四,阐述互动中的话语分析与微观情境分析;第五,关注我国师幼互动的质量分析及对策研究。

第一节 师幼互动的行为本质及类型划分

一、有关师生(幼)互动行为本质的研究

哈佛大学著名社会学家塔尔特特·帕森斯基于结构功能学派的理论研究指出,班级发挥着社会化和选择的双重功能:在社会化方面,个人接受他所处社会中所尊崇的价值观、信念和理想;在选择方面,则会根据社会职业的结构特点,依据学生不同的个性特点与兴趣爱好,使他们接受适宜的教育,步入社会后就能积极地参与社会生产和服务。因而,在不同社会的班级体系中,师生就会采用不同的互动行为来实现这些功能。师生课堂互动就是指教师角色与学生角色的相互影响和交互作用,师生双方的互动行为都只有遵从角色期望,符合社会价值、文化和规范的要求,才能保证课堂教学和谐有序地进行,实现社会化和选择的双重功能。美国另一著名学者威拉德·沃勒依据冲突理论指出,师生课堂互动中出现的制度化的

"支配—从属"关系,可以表现为"命令—服从"和"直接冲突"两种形式。当师生互动以"命令—服从"的形式出现时,班级体系就会呈现暂时的秩序平衡状态,但是内在的意念之争却仍会存在于表面的相对和谐状态之下,即冲突隐形地伴随着师生互动的整个过程,冲突就成为师生课堂互动行为的本质。此外,符号互动论(symbolic interactionism)认为,在课堂的教学过程中,教师的行为常常会反映出对学生的某种学业期望,并且通过这种期望发起与学生之间的互动,学生就会遵循这种期望,调整自我的概念与行为,从而使自我的认知和行为都发生相应的变化。在师生互动的进程中,师生对班级情境的界定常常是经过双方协商而达成的,即互动的双方都并非被动地对情境产生反映,而是在主动地诠释自身所处的社会情境,双方会积极、主动地参与课堂教学,而不是学生被动地做出反应。因而,和谐的课堂秩序是通过师生双方共同构建的,个性化和灵活性是这种课堂互动的本质特征。[1]

据此,我国学者亢晓梅则将师生课堂互动行为的本质概括为:第一,师生课堂互动行为是社会角色的相互作用,师生各自扮演着社会期望的角色,遵循着各自的社会行为规范,互动总体上在和谐平稳的环境中进行;第二,师生课堂互动行为是一个不断产生冲突又不断达到稳定和协调的过程;第三,师生课堂互动行为以知识的传授和文化的传播为主要内容,实现着学生社会化和知识教育的双重功能。[2]

从上述研究成果可以看出,国内外的研究者从不同角度对师生互动行为的本质做了诠释,概括起来,所谓师生课堂互动,就是围绕某一主题展开,为达到某种期望或目的而相互影响和作用。据此,本研究中的师幼互动,在不同的活动情境中也会有不同的行为主题,也会就其本质进行深入的讨论。

---

[1] 亢晓梅. 师生课堂互动行为本质的社会学分析[J]. 天津市教科院学报(课程与教学研究),2000(6):29-31.

[2] 亢晓梅. 师生课堂互动行为本质的社会学分析[J]. 天津市教科院学报(课程与教学研究),2000(6):29-31.

二、师生（幼）互动的类型划分

自20世纪70年代以来，有关师生互动的研究呈现出跨学科、多视角的特点，在师生互动类型的划分上也较为多元化。如利皮特和怀特等把课堂上的师生互动行为分成三类：教师命令式、师生互不干涉式、师生协商式。教师命令式是教师以命令的方式来控制学生的行为，在学生顺从、顺应的状态下进行互动。在这种互动状态下，学生很可能出现消极情感，师生之间建立的是一种控制与服从的关系。师生互不干涉式是指课堂上教师根据预设的计划对教学内容进行讲解说明，不对学生提出明确的要求，不参与指导学生的学习行为，采取的是放任的态度。在这种互动形式下，学生的学习成绩和个性情感两方面发展都不理想，师生之间建立的是一种相互疏远的关系。师生协商式是指教师能抽取较多的时间与学生互动，使班级成员之间（如教师与学生、学生与学生之间）能够建立起良好的互动模式，该模式鼓励学生对教学的目标和方法提出意见，要求学生要主动参与课堂互动，教师也注重激发学生学习的兴趣，尊重学生。在这种互动状态下，师生之间建立的是一种民主协商式的关系。[1] 英国学者阿什利等人把师生课堂互动行为分为教师中心式、学生中心式、知识中心式三种。其中，教师中心式是指教师在课堂互动过程中是社会文化的代表，在教学活动中处于主导地位，学生只是教师备课时想象的对象、上课时灌输的对象而已。学生中心式，则是指教学过程根据学生身心发展的需要进行，强调学生的主动学习。知识中心式，是指师生互动过程中强调系统知识的重要性，以有效的知识传授和获得为目的，师生互动仅仅是实现目标的途径，这种互动类型下，师生关系是为了达成共同目标而形成的伙伴关系。[2]

我国学者王家瑾采用系统工程分析的方法，以教师、学生和教材三个要素构建出有关教学活动的三维坐标系，形成了师生课堂互动的模型。如图所示，在一定的教学环境中，如果教师（T）、学生（S）和教学内容与媒体（M）三者之间实现互动并趋于最佳状态，在坐标系中就会产生一个

---

[1] 陈奎憙. 教育社会学研究[M]. 台北:师大书苑有限公司,1992:137-138.
[2] 陈奎憙. 教育社会学研究[M]. 台北:师大书苑有限公司,1992:155-156.

以 A 为中心的交汇区，A 区就是教学优化目标的满意值区。[①] 吴康宁等学者根据教师行为对象将师生互动类型划分为三类：师个互动、师组互动、师班互动；[②] 并根据人际状态的性质将互动行为划分为合作性互动、对抗性互动及竞争、合作性互动。[③]

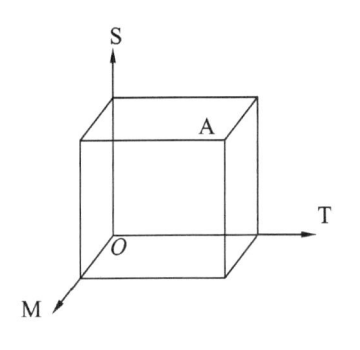

T：教师"教"的状态变量（教学观念、教书育人与为人师表的敬业精神、教学组织调整、教学方法与技巧等）

S：学生"学"的状态变量（学习欲望、学习态度和学习行为等）

M：教学内容与教材（包括教学媒体）状态变量

A：既定的、期望的优化教学目标的满意值区

图 2-1-1　师生互动模型

以上是有关师生互动的行为本质研究，在师幼互动方面，罗伯特·C. 皮雅塔以参与性与依恋性为指标，运用聚类分析方法描述了教师与幼儿互动的模式，将互动类型分成依赖、积极参与、机能障碍、普通、愤怒/依赖和不参与型等 6 个类别。[④] 后来，其研究小组根据发展理论的研究发现师生间互动是影响儿童学习和发展的重要机制并研究制订了课堂互动评估系统（CLASS）。该系统主要关注教师与学生之间的互动以及教师如何运用已有资源与学生进行互动，并提出从"情感支持（ES）""课堂管理（CO）""教育支持（IS）"等三大维度对教师与学生的课堂互动进行观察评估。[⑤] 德克吕夫等人运用质性分析方法根据教师—儿童互动的行为把互动

---

① 王家瑾. 从教与学的互动看优化教学的设计与实践[J]. 教育研究,1997(1):51-55.

② 吴康宁. 教育社会学[M]. 北京:人民教育出版社,1998:456.

③ 吴康宁. 教育社会学[M]. 北京:人民教育出版社,1998:357-358.

④ PIANTA R C. Patterns of relationships between children and kindergarten teachers[J]. Journal of school psychology,1994,32(1):15-31.

⑤ LA PARO K M,PIANTA R C,STUHIMAN M. The classroom assessment scoring system: Findings from the prekindergarten year[J]. The elementary school journal,2004,104(5):409-426.

类型归为三种：(1) 引导—回应性，这种类型的互动中教师喜欢问"为什么"和"如何做"之类的问题，他们的提问基本上能围绕儿童的兴趣与反应展开，在不影响儿童活动的前提下使用多种互动策略，如示范、提示等。(2) 引导—非回应性，这种类型的互动中教师对儿童也有指导，但是对儿童的回应不敏感；而且他们的引导不太关注儿童自身的需要与兴趣，经常要求儿童停止正在进行的活动而转向其他活动，互动的内容多为间断的布置任务性质的对话。(3) 非引导—回应性，这种类型的互动中，教师尽管能认可儿童的回应，注意回应儿童，有时能给儿童提供信息或选择，但他们很少去引导、丰富与促进儿童的活动内容。他们喜欢问的问题多是"什么"或"什么地方"之类的描述儿童活动的问题。[1]

我国学者周欣在探讨教师在儿童游戏过程中所起的作用时，根据教师介入游戏的方式将互动分为外部干预式、平行式与合作式三种类型，这是一种从外显行为特征来划分互动类型的视角。[2] 卢乐珍指出，幼儿园的各项教育活动都是教师与儿童互动的过程。常见的师幼互动有三种形式：(1) 互动是由教师直接引发的；(2) 互动是由个别儿童或儿童集体引发的；(3) 互动方式是教师借助环境引发的。[3] 刘晶波以主动性与依恋性作为师幼互动的分类指标，通过观察分析将其划分为四类：假相倚型、非对称相倚型、反应相倚型和彼此相倚型。[4] 姜勇、庞丽娟则根据师幼互动的目的、情感性、宽容性、发现意识、方式等维度将师幼互动分为严厉型、民主型、开放学习型和灌输型。[5] 有学者还根据教师发起互动时的行为对象，将幼儿园半日活动中师幼互动类型划分为师班互动、师组互动、师个互动三种类型；根据师幼行为属性，从拒绝—接受、控制—容许等维度，将半日活动中师幼互动类型划分为容许型、控制型、接受型、拒绝型四种

---

[1] DE KRUIF R E L,MCWILLIAM R A,RIDLEY S M,et al. Classification of teachers' interaction behaviors in early childhood classrooms[J]. Early childhood research quarterly,2000,15(2):247-268.

[2] 周欣. 试论教师在游戏中的作用[J]. 学前教育研究,1990(4):15-18.

[3] 卢乐珍. 关于"师幼互动"的认识[J]. 早期教育,1999(4):28-29.

[4] 刘晶波. 社会学视野下的师幼互动行为研究:我在幼儿园看到了什么[M]. 南京:南京师范大学出版社,2006:220.

[5] 姜勇,庞丽娟. 幼儿园师生交往类型的研究[J]. 心理科学,2004,27(5):1120-1123.

类型。①

师生（幼）互动的类型和内容划分多种多样，都是从不同的分析角度进行的归纳，涵盖了丰富的分类形式，本研究也将借鉴这些不同的互动类型对幼儿园半日活动中的师幼互动进行深入的分析。

第二节 师幼互动与儿童发展的关系

在幼儿园教育中，师幼互动对儿童的身心发展具有多方面的意义，这已被国内外许多研究者所认同，研究者经过对大量文献的整理，梳理出其影响主要表现在以下两方面。

一、师幼互动对儿童社会性发展的影响

国外研究中有大量的追踪研究显示，良好的师幼互动对儿童的社会性发展有重要的作用。菲利普斯、斯卡尔等研究表明，儿童与不太严厉、比较少使用命令的教师相处，与教师有积极的互动，就会更热情，其社会性发展更好。② 费尼等研究者认为，在教师与儿童的互动中，教师对儿童的尊重以及细致的关怀与儿童安全感的建立、自信心的发展以及培养对事物的积极探索欲有重要作用。③ 亚历山大等人的研究证明，儿童与教师的关系和互动情况对儿童社会适应性的发展具有重要影响。当儿童入园后，与教师建立积极的情感关系是他们适应新环境的一个很重要的方面，师幼关系的融洽与否影响着他们的社会适应状况。④ 温·爱兹道恩和拉姆伯莫恩

---

① 黄娟娟. 幼儿园半日活动中师幼互动类型及成因的社会学研究[J]. 上海教育科研，2009(2):43-46.

② PHILLIPS D, MCCARTNEY K, SCARR S. Child-care quality and children's social development[J]. Developmental psychology, 1987, 23(4):537-543.

③ FEENEY S, CHRISTENSEN D, MORAVEIK E. Who am I in the lives of children? An introduction to teaching young children[M]. Columbus, OH.: Merrill, 1996:26.

④ ALEXANDER K L, ENTWISLE D R. Achievement in the first 2 years of school: Patterns and processes[J]. Monographs of the society for research in child development, 1988, 53(2):1-157.

在研究中发现，儿童容易对那些能对他们的行为做出及时回应并提供细心照顾的教师产生依恋的情感。[①] 皮雅塔认为，师幼关系本身就是一种重要的教育因素，对儿童的发展和适应，特别是情感适应、学习适应、行为发展和人际关系等各方面的发展具有十分重要而直接的作用。[②] 此后，皮雅塔等研究者又以400名儿童作为被试进一步研究证实，在幼儿园中形成的师幼关系特征，可能会决定儿童进入小学后前三年的行为与适应能力。[③] 此外，还有一些研究者们发现，师幼互动、师幼关系与幼儿自我概念的发展以及他们对自己的行为与学业成绩的期待密切相关。

豪斯指出，师幼互动的质量可能会影响儿童在幼儿园中的适应情况；积极的师幼互动状况有利于儿童形成良好的自我控制能力和学习习惯，同时还有助于补偿家长与幼儿之间不安全的亲子依恋，对儿童与同伴互动行为的主动性、态度、能力、过程以及同伴社交地位也会产生重要的影响。[④] 斯劳夫认为不同的师幼互动状况，还会影响儿童形成对自己、他人和周围环境不同的认识、态度以及行为，从而直接或间接地影响他们日后在各方面的发展，甚至可能对儿童的终身发展有着重大的预示作用。[⑤] 皮雅塔指出，师幼互动的质量对儿童的发展具有长远的影响。如果儿童在学前阶段获得了积极、有效的师幼互动经验，他们就会更加喜爱教师，这些经验有利于他们更积极地适应学校环境，并且可能对他们入学后的学业成绩有一定的预测作用。[⑥] 还有研究指出，教师在师幼互动中的情感支持与儿童的

[①] 刘晶波.社会学视野下的师幼互动行为研究:我在幼儿园里看到了什么[M].南京:南京师范大学出版社,2006:25.

[②] 覃江梅.幼儿园师幼言语交往研究[D].桂林:广西师范大学,2004:4.

[③] 刘晶波.社会学视野下的师幼互动行为研究:我在幼儿园里看到了什么[M].南京:南京师范大学出版社,2006:26.

[④] HOWES C. Social-emotional classroom climate in child care child-teacher relationships and children's second grade peer relations[J]. Social development,2010,9(2):191-204.

[⑤] SROUFE L A. Relationship disturbances in early childhood: A developmental approach[M]. New York: Basic Books,1989:70-94.

[⑥] 皮雅塔,涂阳慧.师幼互动研究[J].幼儿教育(教育科学版),2009(6):9-11,16.

社交能力与问题行为有关。[1] 在良好情感支持氛围的班级里,教师对儿童兴趣和需求能够做出敏感的反应,并给予儿童一定的自主性,[2] 这些具有积极回应的师幼互动有助于增强儿童参与集体活动的意愿,使他们表现出更加好的社交能力。[3]

我国学者罗鸣从儿童教育的情感化特点出发,阐述了和谐的师幼关系对儿童口头言语能力的发展、社会性观念的初步形成以及个性和智力的初步发展都具有重要的意义,还指出师幼互动是儿童教育过程中一个不可忽视的因素。[4] 姚铮基于对幼儿园教育环境的分析,将师幼关系视为幼儿园人际环境的一个重要组成部分,探讨了师幼关系对儿童社会交往方式的影响。他认为,如果教师把儿童当作是有独立人格的个体,尊重他们,则会比较容易与儿童建立起和谐、平等的关系,间接地促进儿童与他人、与同伴的正向交往,相反则不然。[5] 杨丽珠、吴文菊指出,积极的师幼互动可能会增强儿童的自信心、安全感及探索精神,还有利于儿童自我概念及社会性的发展,并且还会影响儿童对新环境的适应能力以及与同伴交往的能力。[6] 周欣指出,师幼互动有利于儿童自律、人际关系能力发展、认知发展,4岁时的师幼互动关系有利于以后同伴关系的建立和社会性能力的发展。教师热情、有效、高质量的互动,儿童则表现出更多积极的行为。[7] 马玲亚认为通过师幼互动,教师满足儿童的心理需求,会有助于促进其健

---

[1] MASHBURN A J, PIANTA R C, HAMRE B K, et al. Measures of classroom quality in pre-kindergarten and children's development of academic, language, and social skills[J]. Child development, 2008, 79(3): 732-749.

[2] PIANTA R C, MASHBURN A J, DOWNER J T, et al. Effects of web-mediated professional development resources on teacher-child interactions in pre-kindergarten classrooms[J]. Early childhood research quarterly, 2008, 23(4): 431-451.

[3] BROEKHUIZEN M L, MOKROVA I L, BURCHINAL M R, et al. Classroom quality at pre-kindergarten and kindergarten and children's social skills and behavior problems[J]. Early childhood research quarterly, 2016, 36: 212-222.

[4] 罗鸣. 教师与儿童建立和谐人际关系的重要意义[J]. 福建教育与研究, 1990(3): 16-18.

[5] 姚铮. 幼儿园人际环境对幼儿社会性发展的影响[J]. 幼儿教育, 1994(2): 7-8.

[6] 杨丽珠, 吴文菊. 幼儿社会性发展与教育[M]. 大连: 辽宁师范大学出版社, 2000: 281-283.

[7] 周欣. 教师—儿童互动质量评定的行为指标初探[J]. 早期教育, 2004(4): 6-8.

康的心理发展,并形成良好的个性特征;通过师幼互动,教师传授给儿童道德准则与行为规范,指导他们的社会行为,可以促进其社会性的发展;同时还可以帮助儿童认识周围世界,促进其认知能力的发展。在师幼互动中,师幼之间还存在着某种情感依恋关系,这种关系不仅会影响到儿童与他人的交往,甚至还会影响到其日后的人际交往态度、行为方式与人际关系状况。①

二、师幼互动对幼儿认知发展的影响

高质量的师幼互动与儿童的认知发展有密切关系。有研究表明,与教师有积极互动的儿童,表现出在语言表达能力方面较强,而且在认知活动中的表现也比较优秀。② 罗斯·费舍尔指出,师幼互动对儿童早期的阅读学习有重要的作用。③ 马什本等人对4岁儿童的认知、语言和社会技能发展进行了观察和研究,认为教师发起的教育性互动有利于儿童语言和认知的发展。④ 有研究发现,经历过高质量师幼互动的儿童从4~5岁到小学三年级表现出更高水平的数学、接受性语言和记忆能力,在小学阶段表现出更高水平的表达性语言能力。⑤

世界范围内,许多研究者基于课堂互动评估系统(CLASS)进行了大量有关师幼互动的研究,其中包括"情感支持(ES)""班级管理(CO)"和"教育支持(IS)"三大维度。有研究发现,师幼互动中教师有效的教

---

① 马玲亚. 对幼儿园师幼互动若干问题的思考[J]. 中华女子学院学报,2005(2):65-68.

② KRUIF R E, MCWILLIAM R A, RIDLEY S M, et al. Classification of teachers' interaction behaviors in early childhood classrooms[J]. Early childhood research quarterly, 2000, 15(2): 247-268.

③ FISHER R. Teacher-child interaction in the teaching of reading: A review of research perspectives over twenty-five years[J]. Journal of research in reading, 2005, 28(1): 15-27.

④ MASHBURN A J, PIANTA R C, BARBAYIN O A, et al. Measures of classroom quality in prekindergarten and children's development of academic, language, and social skills[J]. Child development, 2008, 79(3): 732-749.

⑤ PEISNER FEINBERG E S, BURCHINAL M R, CLIFFORD R M, et al. The relation of preschool child-care quality to children's cognitive and social developmental trajectories through second grade[J]. Child development, 2001, 72(5): 1534-1553.

育支持对儿童的语言表达、阅读技能、数学技能的发展都有重要的作用,[①]进一步追踪研究发现,儿童在4~5岁所处师幼互动环境能够预测其小学五年级的阅读能力和数学能力,发现"情感支持(ES)"和儿童在五年级时数学成绩增长有正向关联,而且教师的"情感支持(ES)"在教学质量对儿童阅读能力的增长影响中发挥着调节作用,儿童从三年级到五年级,高质量的情感支持能够预测儿童在阅读方面的积极变化。[②] 此外,也有研究发现,儿童在小班时接受的情感支持和教学支持在儿童最初的成绩和词汇识别能力中发挥着调节作用。[③]

高质量的班级管理能够预测儿童早期读写能力的发展和数学学业成就,[④] 高质量的班级管理与儿童阅读成绩、词汇及概念的发展之间存在正相关。[⑤] 也有研究者发现,基于CLASS的评估系统,班级管理与儿童学业成就的关系是非线性的。莱瓦等人在智利进行了有关4岁儿童的大样本研究,该研究发现,当班级管理达到高水平,就能够积极预测儿童的语言能力、早期读写能力、早期数学能力的发展。[⑥] 但是,伯奇纳尔的研究发现,

---

[①] LA PARO K M, PIANTA R C, MEGAN S. The classroom assessment scoring system: Findings from the prekindergarten year[J]. The elementary school journal, 2004, 104(5): 409-426.

[②] PIANTA R C, MASHBURN A J, DOWNER J T, et al. Effects of web-mediated professional development resources on teacher-child interactions in pre-kindergarten classrooms[J]. Early childhood research quarterly, 2008, 23(4): 431-451.

[③] CURBY T W, RIMM KAUFMAN S E, PONITZ C C. Teacher-child interactions and children's achievement trajectories across kindergarten and first grade[J]. Journal of educational psychology, 2009, 101(4): 912-925.

[④] DOWNER J T, LÓPEZ M L, GRIMM K J, et al. Observations of teacher-child interactions in classrooms serving latinos and dual language learners: Applicability of the classroom assessment scoring system in diverse settings[J]. Early childhood research quarterly, 2012, 27(1): 21-32.

[⑤] CADIMA J, LEAL T, BURCHINAL M. The quality of teacher-student interactions: Associations with first graders' academic and behavioral outcomes[J]. Journal of school psychology, 2010, 48(6): 457-482.

[⑥] YOSHIKAWA H, LEYVA D, SNOW C E, et al. Experimental impacts of a teacher professional development program in Chile on preschool classroom quality and child outcomes[J]. Developmental psychology, 2015, 51(3): 309-322.

班级管理得分较高的班级，班级管理与儿童的数学成绩之间呈现负向关系。① 哈姆雷等人的研究发现，积极的班级管理和儿童的认知控制能力之间存在积极相关，有效的班级管理能够给予儿童清晰的活动安排和行为预期，并有助于儿童自我控制和行为自我调节能力的发展。② 班级管理与儿童的自我管理能力，特别是行为控制能力和认知控制能力之间有显著的相关。③

师幼互动中教师的教育支持促进儿童高级思维的发展，并鼓励儿童学习新的概念和经验。有研究发现，高质量的教育支持能够预测学前儿童的语言、阅读和数学成绩以及一年级的学业水平。④ 莱瓦等人的研究也发现，教育支持与儿童在学前末期的听写成绩有积极相关，且与儿童的执行功能、认知控制有正向的线性关系。⑤ 还有研究发现，当教师的教育支持水平较高时，教育支持对儿童语言、阅读和数学的预测能力更强。⑥

我国学者胡碧颖教授的团队通过研究发现，教师高质量的教学支持对儿童的阅读态度和汉字识别能力具有积极影响，师幼互动质量通过儿童阅读态度的中介作用来预测儿童的汉字识别能力，中介作用的强度受到师幼

---

① RUZEK E, BURCHINAL M, FARKAS G, et al. The quality of toddler child care and cognitive skills at 24 months: Propensity score analysis results from the ECLS-B[J]. Early childhood research quarterly, 2014, 29(1): 12-21.

② HAMRE B K. Teachers' daily interactions with children: An essential ingredient in effective early childhood programs[J]. Child development perspectives, 2014, 8(4): 223-230.

③ RIMM KAUFMAN S E, CURBY T W, GRIMM K J, et al. The contribution of children's self-regulation and classroom quality to children's adaptive behaviors in the kindergarten classroom [J]. Developmental psychology, 2009, 45(4): 958-972.

④ DOWNER J T, LóPEZ M L, GRIMM K J, et al. Observations of teacher-child interactions in classrooms serving Latinos and dual language learners: Applicability of the classroom assessment scoring system in diverse settings[J]. Early childhood research quarterly, 2012, 27(1): 21-32.

⑤ LEYVA D, WEILAND C, BARATA M, et al. Teacher-child interactions in Chile and their associations with prekindergarten outcomes[J]. Child development, 2015, 86(3): 781-799.

⑥ BURCHINAL M, VANDERGRIFT N, PIANTA R, et al. Threshold analysis of association between child care quality and child outcomes for low-income children in pre-kindergarten programs [J]. Early childhood research quarterly, 2010, 25(2): 166-176.

互动质量的影响。① 此外,她们的追踪研究发现,师幼互动质量与儿童发展的各变量之间存在非线性关系,班级师幼互动质量在不同的时间段均能够显著影响儿童的学业发展。②

根据上述研究可以看出,师幼互动不仅对儿童在情感、社会性方面有重要的影响,也对儿童的认知发展有着重要的意义,有待于在我国的社会文化情境中展开更进一步的研究,这也正是本研究的动因和意义所在。

第三节 师幼互动的影响因素

研究表明,师幼互动的质量受教师、儿童以及师幼所处的环境等因素影响,教师、儿童、幼儿园、家庭、互动环节和情境等可能都是影响师幼互动的重要因素。同时,师幼互动的各因素间还彼此相互作用,并综合作用于师幼互动过程,实现着对师幼互动的影响。

一、师幼互动受儿童自身因素的影响

国外学者的一系列研究表明,影响师幼关系的第一位因素是儿童自身所具有的特征,涉及儿童的气质倾向、行为特征与儿童早期的人际关系经历等多个方面。

布洛菲等研究者的研究表明,教师与班级里一些思路紧随自己、遵守班级规则、能够控制自己行为、成绩优秀的儿童关系亲近。教师对独立性差,而且必须经常需要纠正错误的儿童会格外关心。害羞、行为被动、不愿意多接触教师的儿童则会导致教师对他们的关心较少。过分活跃、经常出现影响班级纪律问题的儿童在师幼互动的过程中,常常处于被拒绝的消

---

① HU B Y, ZHOU Y, CHEN L, et al. Preschool expenditures and Chinese children's academic performance: the mediating effect of teacher-child interaction quality[J]. Early childhood research quarterly, 2017, 41: 37 - 49.

② HU B Y, FAN X, WU Y, et al. Contributions of teacher-child interaction quality to Chinese children's development in the early childhood years[J]. Early education and development, 2019, 30(2): 159 - 177.

极状态。① 费恩等人的研究结果表明，儿童自身气质类型会直接影响他们与教师进行互动的情况。性格开朗、活泼且行为积极的儿童可能会受到教师较多的关注与反馈，而性格相对比较内向、不爱表现的儿童得到的关注和反馈就会比较少。②科尔等人的研究结果证实，儿童的性别与师幼关系也有显著的相关。具体表现在性格胆怯的男孩比女孩更易与教师产生亲密的关系，而性格暴躁的男孩比女孩更易与教师发生冲突。研究还发现，师幼互动的频率与师幼间的冲突关系也存在着相关性，儿童与教师互动越多，儿童越易与教师发生冲突。③ 有的研究还发现，儿童自身的语言能力也是影响师幼互动的因素。鲁达塞尔等人的研究发现，儿童的性格和语言能力会影响到其与教师关系的质量。性格外向，但语言能力较差的儿童容易与教师发生冲突，师幼关系可能会不和谐。但是，性格内向但语言发展较好的儿童则易于与教师产生依恋关系。④ 鲁达塞尔通过追踪研究发现，过于害羞的儿童很难与教师建立亲密的关系，他们几乎不主动地发起与教师的互动，但是他们可能会得到更多的来自教师主动发起的互动。另外，没有良好自理能力的儿童会得到更多的来自教师主动发起的互动。⑤

二、师幼互动受教师自身的主观因素影响

除儿童自身的因素外，研究者们还发现，师幼关系还受教师自身的主观因素影响。卡根通过研究得出结论：奉行"儿童中心"教育观念的教师

---

① BROPHY J E, GOOD T L. Teacher-student relationships: causes and consequences[J]. American journal of education, 1974(4): 400.

② FEIN G G, GARIBOLDI A, BONI R. The adjustment of infants and toddlers to group care: The first six months[J]. Early childhood research quarterly, 1993, 8(1): 1 – 14

③ KOLES B, O'CONNOR E, MCCARTNEY K. Teacher-child relationships in prekindergarten: The influences of child and teacher characteristics [J]. Journal of early childhood teacher education, 2009, 30(1): 3 – 21.

④ RUDASILL K M, RIMM KAUFMAN S E, JUSTICE L M, et al. Temperament and language skills as predictors of teacher-child relationship quality in preschool[J]. Early education and development, 2006, 17(2): 271 – 291.

⑤ RUDASILL K M. Child temperament, teacher-child interactions, and teacher-child relationships: A longitudinal investigation from first to third grade[J]. Early childhood research quarterly, 2011, 26(2): 147 – 156.

比奉行"教师中心"教育观念的教师与幼儿进行互动的时间更长,频次也较多,对儿童的行为反应也更为敏感,反馈比较及时,师幼间的关系也相对亲密。① 布洛菲提出的教师期望过程模式,说明教师会对不同的儿童给予不同的期望,在课堂教学活动中,这种期望差异表现为教师对待不同儿童的差别行为。② 伟利等人在新西兰进行的一项跟踪研究结果显示,如果成人是以热情、公平的方式来回应儿童的行为,并且与儿童的互动内容包括一些认知成分,那么就能够确保成人和儿童在生活中的互动。③豪斯等人的研究表明,学历水平高的幼儿教师相对来说对儿童更细心和更亲近,而学历水平低的教师对待儿童可能较为粗心。④ 豪斯的后期研究还表明,教师的自我反思能力对师幼关系也有重要影响,如果教师能够考虑到幼儿园内每件事情对儿童发展的意义,那么教师就会对儿童提供积极的支持行为,会与儿童形成比较和谐的师幼关系;反之则不然。⑤

我国学者周欣指出,教师本人所持有的教育观、儿童观,教师的职前和职后的培训,教育机构的课程哲学观、价值观,以及机构的管理和师生比都会影响到师幼互动的质量。此外,教师所具备的学前教育专业学历越高,与儿童互动的质量就越高,和儿童之间语言交流就越多,会较少采用一些严厉批评和惩罚的手段。⑥ 翟艳指出,教师会根据对每个儿童的整体印象形成对不同儿童的不同行为期望。教师对儿童形成的整体印象是受儿

---

① KAGAN D M, SMITH K E. Beliefs and behaviors of kindergarten teachers[J]. Educational research, 1988, 30(1): 26 – 35.

② BROPHY J E, GOOD T L. Teacher-student relationships: causes and consequences[J]. American journal of education, 1974(4): 400.

③ WYLIE C. Why quality matters in early childhood education: the research evidence[C]// Paper presented at the New Zealand Council for Educational Research Conference. Early childhood Education for a Democratic Society. Wellington N Z, 2001.

④ HOWES C, PHILLIPS W D. Teacher characteristics and effective teaching in child care: Findings from the national child care staffing study[J]. Child & youth care forum, 1992, 21(6): 399 – 414.

⑤ HOWES C. The company they keep: Friendship in childhood and adolescence[M]. Cambridge, MA: Cambridge University Press, 1996: 66 – 86.

⑥ 周欣. 托幼机构教育质量的内涵及其对儿童发展的影响[J]. 学前教育研究, 2003(7/8): 34 – 38.

童自身多方面信息影响的,如:儿童的心理测验鉴定结果、性别、身体特征、表现能力、家庭背景、社会经济地位等都会影响教师对儿童印象的形成。教师对儿童的整体印象形成之后,就会对儿童产生一定的行为期望,受不同期望的引导和影响,教师会对不同儿童发起不同的互动行为,同时教师对待儿童的方式也会被儿童感受到,从而对他们的发展产生不同的影响。[1]

三、影响师幼互动的客观环境因素

关于影响师幼关系和师幼互动的客观环境,国外学者主要就幼儿园班级的规模、教师和儿童的人数的比例等方面进行了研究。豪斯等人研究表明,师幼比率越低,班级规模越小,教师与儿童间越容易形成安全的依赖。教师人选的稳定性也会影响到师幼关系,豪斯和汉密尔顿对4岁儿童的研究发现,在1~4岁的班级中,如果经常更换教师,那么这个班级中攻击性强的儿童的比例就高,师幼关系不和谐的情况也相对较多。[2] 克劳森研究发现,班级容量也是影响师幼互动的一个因素。当班容量较大时,教师经常组织集体活动或小组活动,这会在很大程度上影响师幼互动的频率。而且,在儿童数量较多的班级,教师会容易出现负面情绪,或者降低与儿童互动的热情,使互动质量和频率下降,这些都将不利于儿童社会性的发展。[3] 布拉奇福德的研究显示,在小容量班级教学中,教师与儿童的互动更流畅,更富有个性化,但在大容量班级教学中儿童更可能与同伴进行互动,但其社会化行为也正常。[4] 还有研究显示,在角色扮演活动中,

---

[1] 王文乔.教育机会均等视野下师幼互动研究:以上海市A幼儿园中班为个案[D].重庆:西南大学,2008:16.

[2] SROUFE L A, FLEESON J. The coherence of family relationships[M]//HINDE R A, STEVENSDN HINDE J. Relationships within families: mutual influences. Oxford, UK. : Oxford University Press. 1988:27-47.

[3] CLAWSON M A. Contributions of regulatable quality and teacher-child interaction to children's attachment security with day care teachers[C]//Paper presented to the 62nd Biennial Conference of the Society for Research in Child Development. Washington DC. 1997.

[4] BLATCHFORD P. A systematic observational study of teachers and pupils' behavior in large and small classes[J]. Learning and instruction. 2003,13(6):569-595.

当教师和单独一个儿童进行互动时，教师更容易与儿童发生复杂的互动。[1]马什本等人也曾在研究中指出，在班级人数较少的环境下，教师对儿童的行为采取的有效的组织策略对儿童的自律能力的发展有重要的影响。[2]

根据上述对国内外研究成果的梳理可以看出，影响师幼互动的因素比较复杂，既有来自互动主体——教师和儿童的主观因素，也有来自外环境的客观因素，正是在这些内、外因的交互作用中，师幼互动才能得以形成。为此，本研究将在前人已有研究成果的基础上针对影响师幼互动的主客观因素展开较为细致的探讨。

第四节 互动中的话语分析与微观情境分析

学前教育强调保育与教育相结合，教育也是学前阶段的重要任务之一，3~6岁的儿童是如何学习的？幼儿园教师应该如何教？一直以来都是学前教育研究中被广泛关注的问题，也是幼儿园教师专业发展的核心问题。已有关于师幼互动的研究，有从社会学视角出发的分析，也有基于生态系统理论的阐释。通常关注互动中师幼双方发起互动的主动性、关键事件、教师的提问和回应策略等，但课堂互动的研究前沿，为我们分析和探讨学前领域的互动，提供了多维的视角和方法。基于研究目的和内容，本节主要梳理了课堂互动中的话语分析及微观情景分析，以期为研究的进一步深入开展提供理论上和方法上的借鉴。

一、课堂互动中的话语分析

在已有的多数研究中，研究者主要采用基于传统心理学范式的输入—输出学习观来探讨师生互动，这些研究将谈话视为学生语言习得系统的

---

[1] KONTOS S, KEYES L. An eco-behavioral analysis of early childhood classrooms[J]. Early childhood research quarterly, 1999, 14(1): 35-50.

[2] REYNOLDS A J, ROLNICK A J, ENGLVND M M, et al. Childhood programs and practices in the first decade of life: A human capital integration[M]. Cambridge, MA: Cambridge University Press, 2010: 243-265.

"输入"。简单因果模型用于追踪谈话对儿童结果的影响。[①] 霍夫曼和坎贝尔引入了互惠的概念,反映了这样一种观点,即话语本身的性质可能会影响学生的反应,学生会接受教师隐性和显性的期望。[②] 弗恩奇和麦克卢尔指出了话语分析将语言学从单个句子的内部组织转移到课堂谈话的再现方式,即语言结构的重复模式及其层次结构。[③] 在本研究的梳理中,主要关注常用的话语结构,引发—回应—评价话语结构I-R-E和引发—回应—反馈话语结构I-R-F、回音(revoice)等。

(一)引发—回应—评价的话语结构

20世纪50年代,人文社会科学开始出现"语言转向"(lingustic turn)之后,教育学领域的很多学者也开始关注到,教与学本质上也是一个语言交流过程。在课堂互动研究领域里,被广泛引用的话语分析结构就是由米恩提出的I-R-E结构,即"引发(initiate)—回应(response)—评价(evaluate)"的话语结构。米恩发现一般的课堂组织都是由3个环节组成,即开始导入、教学、收尾。[④] 一般来说,在开始环节,教师主要是基本的问候、对当节课程内容的简单陈述,有时会加入一些关于班级管理或纪律规范的说明。在正式教学的环节,主要是完成学科教学内容。在结尾部分,主要是归纳和概括本节课的内容,并对下一节课的内容进行预告。米恩认为这样的课堂基本上都是以教师为主导的,教师决定课程各个环节的时间安排和内容。基于这种课堂形式,米恩认为,在不同的环节,教师的话语也各有特点,在开始和结尾环节,教师的话语主要以指令性语言和信息说明为主,例如,"请大家坐好,注意力集中""本节课我们主要了解……""下节课我们要学习……"在教学环节,教师的话语主要以引导和激发学生为主,但根据内容的区别,又可以划分为:选择引导型,例如教

[①] LARSON J, PETERSON S M. Talk and discourse in formal learning settings[M]//NIKOLAJEVA, MARIA. Handbook of early childhood literacy. London, England: SAGE, 2003: 501-539.

[②] CAMPBELL W K, HOFFMAN B J, CAMPBELL S M, et al. Narcissism in organizational contexts[J]. Human resource management review, 2011, 21(4): 268-284.

[③] WELLS G, BRIDGES A, FRENCH P. Learning through interaction: A comparison of talk at home and at school[J]. Linguistic society of America, 1981: 205-239.

[④] MEHAN H. "What time is it, Denise?": asking known information questions in classroom discourse[J]. Theory into practice, 1979, 18(4): 285-294.

师引导学生做出"是"或"非"的回应，多以封闭性提问为主；事实引导型，主要是教师引导学生列举或陈述某个事实；思维引导型，是指教师引导学生对自己的思考过程进行自我解释或表征。尽管有不同类型的教师主导话语，但是学生的回应都是在教师预设的范围之内的，教师对学生的回应是具有期待性的，即便学生的回应出现"偏离"教师主导话语的情况，也会很快在教师的再次引导下，以教师的期待性答案结束。因此，在每一次I-R之后并非一定是E，即教师的评价，如果教师的引发（I）并没有产生期待中的回应（R），对话的序列就会被延伸，教师会开始再一次的引发（I），促使学生产生新的回应（R），直到出现教师的期待性答案，即"对称"的对话序列形成，这种课堂话语的结果就表现出I-R-I-R-……-R-E的结构。I-R-E的程序，作为三联式对话（triadic dialogue），这种话语结构中教师创造了一个参与者组织：通过语言来建构一个特殊的角色和责任。当教师提出一个问题，就为学生创造了一个参与者的角色，一个或多个人会支持。此外，也有一些对话的机制（例如举手回答），程序是所有的学生都会说出答案，所有的参与者都知道这些答案是为了尝试击中目标——教师心目中的期待性答案。

基于上述I-R-E的课堂话语结构，米恩更加关注的是在这种结构中所反映出来的课堂中的社会秩序，要在课堂这种"拥挤的环境"中，在无序中寻找有序，通过常人方法学探究，在"课堂"这个特定场域中的"人"是如何用某种方法论（methodology）实现社会互动的。[1] 正如维果茨基所认为的，人的发展是通过社会互动实现的。值得关注的是，尽管米恩认为在I-R-E的课堂话语结构中，教师是主导者，但是学生也具有一定的主动性：一方面，聆听也是一种主动的行为；另一方面，回应也是学生的主动行为，学生的任何回应都有可能引发教师的下一次引发或评价。

（二）引发—回应—反馈的话语结构

随着课堂互动研究的不断深入，很多研究者都发现米恩提出的I-R-E话语结构，在多个文化情境的课堂中都会出现，尽管I-R-E话语结构

---

[1] MEHAN H. "What time is it, Denise?": Asking known information questions in classroom discourse[J]. Theory into practice, 1979, 18(4): 285-294.

中学生具有一定的主动性,但还是以被动为主,教师仍占据主导地位,随着学校教育的发展,对学生主体性的关注,这种"对称"的结构被认为并不是理想的话语结构,因为在这种话语结构中,教师是互动的发起者和结束者,师生之间的话语权力是不平衡的。因此,I-R-E话语结构的课堂被认为并不是民主型的课堂,应该进一步关注学生在课堂上的主体性和主动性,形成一种更为符合民主型课堂的话语结构。基于对民主课堂的追求,一些学者指出课堂互动被认为不应是教师向学习者传授技能,而应是学习者作为积极参与者共同构建理解。这种观点也认为,对知识和信息的解释不仅仅是关于正确答案,而应是关注学生对作者意图的解释。因此,研究者的兴趣在于教师、儿童及两者之间的互动。这不仅取决于教师如何从学生那里获得"正确"的答案,还取决于他们如何让学生在课堂上产生自己的意义。[1] 巴恩斯提出"儿童参与课堂不仅仅源于他的个人特征——他的'智力''表达能力'或'自信'——还包括他试图理解教师和教师试图理解他的影响"。[2]

卡兹登指出,当教师提出指向学生未知信息的问题时,就会很难预知师生对话的走向,I-R-E结构也会失去平衡,不再对称。这种情况,教师很难用"是""对"或"不对"的评价方式进行回应,而可能是对学生回应的认可或呼应。在这种较为开放式的问题情境中,教师可能也并不清楚表述"正确答案"是什么,在随后的话轮(turn)中教师的回应失去了评价的功能,甚至有时可能是学生对教师的话语产生评价。[3] 基于此,威尔斯指出,I-R-E结构可能限制了对课堂话语结构的理解,会引发误解,应称之为I-R-F结构,其中F指跟进(follow-up)或反馈(feed-

---

[1] FISHER R. Teacher-child interaction in the teaching of reading:a review of research perspectives over twenty-five years[J]. Journal of research in reading,2010,28(1):15-27.

[2] BARNES D. From communication to curriculum[M]. 2nd ed. London:Penguin Books,1976:676-682.

[3] CAZDEN C B. Classroom discourse:The language of teaching and learning[M]. Portsmouth,NH.:Heinemann,1988:54-71.

back)。① 之后，卡兹登沿用这一说法，并指出"反馈"更能代表教师的第二次话轮在三段式话语结构中的作用。

但是，卡兹登也指出，尽管传统的课堂更多地可以用 I-R-E 结构和 I-R-F 结构来理解师生的课堂对话，但也存在一些"非传统课堂"，这些课堂更关注学生的兴趣、理解和应用能力，不再以识记为主要教育目标，而是更加鼓励学生进行探究、建构、解决问题，这些涉及深度学习的高阶认知过程，就很难用 I-R-F 结构来解读，在这些话语结构中，教师并不急于评价学生的回应，也不急于对学生的回应或提问做出及时的反馈，而是通过反问、进一步的追问或简单的回应，来激发学生参与更多的话轮，提出更多的问题，表达自己的想法，呈现思维过程。② 基于这些课堂教学模式的转变，梅尔提出了"架构（framing）—发展（developing）—评价（evaluating）"的结构，强调学生是在教师的话语结构和调控下，自主地建构对某个话题的高阶认知。③

（三）课堂话语中的"回音"和话轮鲨鱼

迈克尔思和奥康纳提出了课堂互动中的"回音"（revoice）这一话语结构。教师在课堂上有时并不是需要及时给学生提供评价或反馈，而是肯定学生的观点，并根据学生的想法做出某些判断，迈克尔思和奥康纳认为课堂互动中的回应具有三种功能：（1）这种话语结构，创造了一种新的参与结构。在传统的 I-R-E 结构中，学生做出回应之后，就基本失去话语机会，但是如果教师采用"回音"的话语结构，学生就会有发言的机会，相当于教师将评价（E）的机会转交给了学生，对话结构就会变成 I-R-Rv-E 的结构。Rv 就是指回音（revoice）。在这种结构中，教师和学生的话语权力相对平衡。（2）这种话语结构，将学生置于不同观点的对立面，以激发学生参与课堂互动。例如，在课堂（或活动）中，某一名儿童表达

---

① WELLS G. Reevaluating the IRF sequence: A proposal for the articulation of theories of activity and discourse for the analysis of teaching and learning in the classroom[J]. Linguistics and education, 1993, 5(1): 1-37.

② CAZDEN C B. Classroom discourse: The language of teaching and learning[M]. Portsmouth, NH.: Heinemann, 1988: 54-71.

③ MAYER S J. Classroom discourse and democracy: Making meanings together[M]. New York: Peter Lang, 2012: 211.

了自己的观点之后,教师会产生"回音":"你不同意××的说法,你认为是怎么样的呢?"这就为学生(或儿童)创造了一个虚拟的争论空间,并将学生置于观点的对立面,这样教师就有很大空间调度后续的课堂互动。① 这样的话语结构,会进一步激发学生产生互动和争论,拓展学生和学生、学生和教师之间的对话空间,引发其深度学习。(3)这种话语结构,将全体学生重置于课堂的学习任务之中。课堂或集体教学活动中,由于人数、时间的限制,常常参与互动或发言的学生较少,机会也较少,一些学生在参与中可能会出现注意力不集中,或者错过某些信息的情况,教师的回音能够有效地引起学生的注意,包括对其他学生发言的概括,有助于全体学生集中注意力,重回课堂互动的情境中,对相关的信息进行回顾并参与其中。(4)回音的话语结构,有助于学生对自我解释的梳理。教师的回音,常常会重新表述学生的观点,这是学生对自我解释的梳理和归纳,有助于学生反思思维过程,并有助于教师调整接下来的讨论方向。

埃里克森(Ericksonh)还探讨了"话轮鲨鱼"(turn sharks)在课堂的作用。"话轮鲨鱼"是一个隐喻,可以理解为在课堂互动中,打破已有话轮的学生。学生学习的过程中,"话轮鲨鱼"的出现表明他/她不仅知道了问题的正确答案,也知道了在正确的时机说出自己的答案,这样教师就会听到他/她说的答案,其他的学生就不会夺走教师对他/她的关注。表达一个正确答案或者扩展了其他学生的答案,教师作为"专家"的声音在专家—新手的对话中与维果茨基的最近发展区中的二元互动的概念类似。"专家"发声和回音的工作就是为"新手"提供了一种支架,这个专家不仅仅是教师,可以是其他成员。这就解释了为什么不同的小组能够为学生(这些学生是指没有其他学生熟练的学生)创造一个"同时"的学习环境。在这个多重小组中,将会有更多熟练的学生,他们会发声或者"回音"他们所学到的观念或者信息。在一个对话参与的框架中,教师和学生能够转换专家和新手的角色,学习小组的成员能够学习:一个说出正确答案的人并不是设定好回答这个问题的人,甚至对部分正确或者含糊的答案的回音是被另外的学生做的,而不是教师。在这种参与框架中,支架、适

---

① 肖思汉.听说:探索课堂互动的研究谱系[M].上海:华东师范大学出版社,2017:100.

宜的发声以及回音都是可以通过不同成员之间的转换做到的。在这种互动中，这些功能被看作是认知的刺激，是集体做出来的，而不是二元的，这可能就是集体学习发生的方式，把小组当作一个整体，包括个别的成员。从共同学习的角度来看，其他学生夺走了作为"话轮鲨鱼"的儿童的话语顺序，但是并没有阻碍"话轮鲨鱼"的学习，这些"话轮鲨鱼"并不是攻击者，也可能是一个"救援者"，即"对话的海豚"。但是从"话轮鲨鱼"个体的角度来看，夺走他/她说话的顺序不是一个积极的经验，是一种干扰。

不同的回音参与者结构可能都会使学生瞬间结盟，和学习的任务相关联，但是还可能有一些其他的结果。一个参与者结构水平的分析表明，与 I-R-E 相比，回音（revoicing）和 I-R-E 结果存在不同序列的潜在意义。回音（revoicing）的话语结构，通过描绘其他人的话语，使参与者成为一个扩大的声音序列角色，教师会把 E 还给儿童，对话结构可能就变成了 I-R-Rv-E 的结构。在这个新的结构中，教师和儿童的话语权力得到了平衡。总的来说，回音的作用：首先是有效地确认学生在讨论中的贡献，明晰和重构他们在小组讨论中多次使用的概念；其次，通过小组讨论，使学生参与到特定的智力活动和对话中，并且承担角色。最后，还使学生看到了彼此合法边缘参与活动中，分析、评价观点，假设和预测的过程。

总的来说，课堂话语的参与者框架（participant framework）并不是一成不变的，而是一种动态变化的结构，在这个不断建构的参与者框架中教师扮演着重要的角色，教师的敏感性和对学生已有经验和学生想法的掌握程度都会影响课堂对话和教学的质量，即便是回音也有着不同的功能和含义，并非每个教师使用的模式都是相同的，而是在课堂这个动态的情境中，教师要能够灵活地去运用这一方式。

二、课堂互动的微观情境分析

情境是社会互动的核心要素之一。情境决定了某句话、某个眼神、某个手势的意义，脱离情境互动元素本身的意义是很难界定的，甚至完全不存在意义。① 美国学者埃里克森是课堂话语和互动分析的代表人物之一，他基于不同的案例，深入地阐释了"情境"的含义和互动分析的新视角，他基于新维果茨基流派的研究和理论建构，对人的认知有了新的观点：社会互动作为一种学习环境，认知是社会情境化的，而且是超越个人的。学习不是简单的知识内化，以及通过头脑孤立地与物质环境或者一个包括人为创设的环境之间的互动获得技能，而是在有机的环境关系中互动获得的，是一种渗透性的、具有反馈本质的活动。这些观点引发埃里克森对课堂互动——基于最近发展区对于人和学习促进者之间的互动——有了新的思考。

我们常说的"情境"更多强调空间范畴内的讨论，如"课堂情境"，埃里克森从时间的范畴探索了"情境"的含义，即在任何一个空间范畴的情境中，都存在着许多更加细微而短暂的、更微小单位的情境。例如，在一个课堂情境中，也会包括"导入"的子情境，或者"操作练习"的子情境，这些情境为我们提供了微观互动分析的基础。在这些微情境中，可以细致地观察和分析个体是如何感知情境的转变，如何调适自己来参与到情境中的互动。此外，埃里克森还指出，在从一个情境转入另一个情境的时间节点上，会集中地出现很多情境化的线索，包括言语行为和非言语行为。社会互动的情境是复杂的，这个互动情境中的每一个参与者在互动中探索彼此的存在和变化。② 互动表现的时间是由语境线索来完成的。所以我们说认知和行为是情境化的。从时间的角度来看到"情境"，埃里克森指出这里的时间可以从两个角度来理解：一是一条连续的时间轴上的一个时间点，具体指人们共享的时间衡量标准，例如，明天下午两点半；二是指向某一"时机"的时间，是一种断裂的、"事件"意义上的时间，这种时间的概念是把连续体上的时间划分为一些不连续的、在性质上有区别的部分，例如，"是时候动身了"，在日常生活中，我们更多的谈论到的是这个时间的概念，指向的是一种"策略的适当性"。这些关于情境和时间的

---

① BATESON G. A theory of play and fantasy[J]. Psychiatric research reports,1972(2):39-51.

② ERICKSON F,WILSON J. Sights and sources of life in schools:A resource guide to film and videotape for research and education[M]. East Lansing,MI. :Institute for Research on Teaching,1982:43.

理论重构和解释,为互动分析提供了新的视角,我们不仅应该像情境分析或互动社会语言学那样关注某一特定的社会互动情境是什么,还应当关注这个情境是在什么"时候"成为情境的。埃里克森强调的"情境化"分析,通过对语音、语调、教师的注视方向、动作等多个方面的描述和分析,呈现了分析课堂互动的新视角。[1]

在具体的课堂互动情境中,教师和学生的一个眼神、手势、身体动作、提问都是互动元素,这些互动元素都是"情境化线索",[2] 包含一个信号系统,他们参与互动需要通过信号来规范,就是要指出解释的相关背景,在这个背景中其他的信号能够被"读到"。这些情境化线索,嵌入在特定的互动过程中,教师在互动中的某些微小的行为,例如对不同儿童的差别对待、忽视某些学生的观点,这些都可能对儿童的学习动机与能力产生深远的影响,即时、琐碎、非正式的反应(例如,关注某个儿童,而忽视另一个儿童)甚至有可能会形成正式的评估,成为儿童个体的永久记录。此外,埃里克森还研究了作为一种社会机制的课堂话语与互动是如何"凸显"一些人、"隐没"另一些人的。埃里克森也通过一些案例分析,阐释了学校教育所造成的社会不平等的再生产是如何在课堂的日常而微观的互动中发生的。[3]

总的来说,基于视频的微观互动分析,聚焦分析"日常生活中的不可见";"通过记录时间的具体细节来理解";"考察日常事件对身处其中之人的本土意义";"比较性地理解不同的社会情境";超越一时一地、当时当地的情境,比较性地理解不同历史和文化中的相似情境。结合上述的教育研究取向,基于视频的微观互动分析,强调"从整体到部分"的取经,或"归纳"的取经,继承了民族志、情境分析、社会语言学、交谈分析的传统,是从数据的整体入手,逐渐划分为更小的单元,进行更细致、深入的分析。

---

[1] ERICKSON F. Talk and social theory:ecologies of speaking and listening in everyday life [M]. Malden,MA.:Polity Press,2004:6-7.

[2] GUMPERZ J J. Discourse strategies[M]. Cambridge,MA.:Cambridge University Press,1982: 1-7.

[3] ERICKSON F. Going for the zone:The social and cognitive ecology of teacher-student interaction in classroom conversations[M]. Cambridge,MA.:Cambridge University Press,1996:29-62.

第五节　我国师幼互动质量分析及对策梳理

一、有关我国师幼互动质量的分析

我国学者基于不同研究方法和视角，对我国当前幼儿园中师幼互动的现状进行了广泛的调查，并从师幼互动的类型和内容方面有了不同层次的概括，具体表现在如下方面：

（一）师幼互动的内容及特点

项宗萍通过对6个省市的幼教机构进行教育评价后指出，在我国当前的师幼互动中教师指向儿童的行为大多以纪律约束为主，儿童自由活动的余地比较小；师幼互动内容都集中在知识与技能的传授方面，较为轻视对儿童情感和社会性方面的培养。[①] 刘晶波运用质性和量化相结合的研究方法对师幼互动行为进行了深入的探讨，指出在师幼互动中由儿童主动开启的行为事件明显少于由教师开启的行为事件，教师开启的行为事件多以指导活动为主，其次是约束纪律，再次为照顾生活，最后是提问；在询问、表达情感、抚慰情绪方面的比例最少，儿童主要充当的是反馈、被动的角色。同时，还指出教师与大班儿童之间进行的以让儿童做事为主的事件明显多于小班，而教师与小班儿童进行的以抚慰情绪为主的互动事件明显多于大班。[②] 左瑞勇、柳卫东等研究者通过对重庆市9所幼儿园的11个班级的一日生活中不同互动背景下师幼互动的范围、发起、反馈、性质、内容等方面的现场自然观察，以及对不同年龄班和不同类型幼儿园师幼互动特征的比较分析，揭示师幼关系和师幼互动的现状。他们认为：首先，师幼互动具有明显的非对称性；其次，不同互动背景中的师幼互动具有不平衡性；再次，儿童作为互动主体之一，其平等对话的权利并未得到足够的尊

[①] 项宗萍.从"六省市幼教机构教育评价研究"看我国幼教机构教育过程的问题与教育过程的评价取向[J].学前教育研究,1995(2):31-35.

[②] 刘晶波.社会学视野下的师幼互动行为研究:我在幼儿园里看到了什么[M].南京:南京师范大学出版社,2006:80-83.

重;最后,教师的素质、观念对师幼互动具有根本性的影响。[1] 黄娟娟通过对上海市50所幼儿园活动中师幼互动的观察分析,指出幼儿园中的师幼互动的形态分布主要呈"伞状空间"分布和"散状空间"分布。"伞状空间"如图2-5-1,这种伞状的总体空间中,存在着多个封闭性极强的儿童个人的"私有化小空间",儿童处于拘束和压抑的状态。而在游戏活动、生活活动、区角活动中,虽然儿童是呈散状分布的(如图2-5-2),但在教师创设的环境和提供的材料中,多数情况下还是体现了教师的目的、意图,因此,儿童不完全受控于教师,发挥主动性的自由度仍是有限的。从教育行为上来看,多数教师在教学活动中还是习惯于根据自己预设的框架来展开教育教学活动,面对儿童自己生成的具有创造性但却不太规范的见解,千方百计地按照自己预设的框架进行格式化,普遍习惯采用异议留存、转移话题等策略来回避儿童提出的教师不能解答的问题,以此来维护自己的绝对权威,领导和控制着儿童的一举一动。[2]

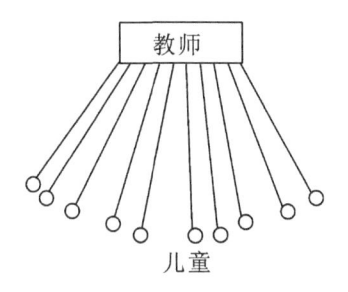

图2-5-1 伞状空间　　　　图2-5-2 散状空间

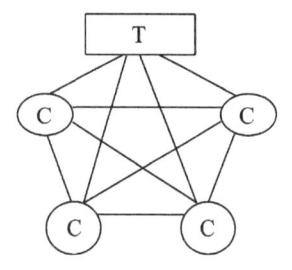

(二)基于课堂互动评价系统的师幼互动观察与分析

课堂互动评估系统(CLASS)是评估和提升师幼互动质量的有效观察评估工具之一,该工具包括3个大的维度:"情感支持(ES)""班级管理(CO)"和"教育支持(IS)",每个领域下包括3~4个小的维度。CLASS

---

[1] 柳卫东,左瑞勇.师幼互动的理论基础与实践背景[J].学前教育研究,2004(1):52-53.

[2] 黄娟娟.师幼互动类型及成因的社会学分析研究:基于上海50所幼儿园活动中师幼互动的观察分析[J].教育研究,2009,30(7):81-86.

的核心理论框架是基于互动的教学理论框架,关注教师在与儿童交往过程中对儿童做出的适时、符合于当时情境的恰当反应。[1] CLASS 主要关注师幼互动中的单个内容:(1)建立一个温暖安全的情感环境,使儿童有意愿积极探索学习,即情感支持;(2)教师提供恰当的行为支持,促进儿童自我控制能力和自我管理能力的发展,即班级管理;(3)教师通过有效的提问方式、支架教学、内容反馈、示范模仿等方法促进儿童的认知发展,即教育支持。近年来,CLASS 在全世界 40 多个国家得到推广和应用,并经过验证具有良好的信效度。CLASS 先后在美国、澳大利亚以及欧洲和南美洲国家得以应用,结果都表明,该评估体系的核心要素与当地的文化相符。CLASS 及其背后的师幼互动理论具备跨文化适用的特质,也在中国传统的集体主义教育文化背景下适用。CLASS 中涉及的 3 个大的维度和 10 个小的维度在我国幼儿园的等级评价和师资培训工作中具有一定的应用性和推广性。[2]

有研究基于 CLASS 对比了美国、智利、芬兰、德国等国家的师幼互动水平,结果发现,在情感支持(ES)维度,多国的幼儿园教师都表现出中高水平,平均分在 3 分以上(最高分为 7 分);在班级管理(CO)维度,各国教师也处于中高水平,平均分在 3.5 分以上(最高分为 7 分);在教育支持(IS)维度,各国教师都处于较低水平,平均分在 1.5 分以上(最高分为 7 分)。[3] 总的来说,认知发展和反馈质量均处于较弱的水平,即认知发展和反馈质量对多国幼儿园教师来说,都是具有难度和挑战性的。

胡碧颖团队基于 CLASS 评估体系对广东省的幼儿园班级互动质量进行了调查,结果发现,中山市某幼儿园教师在情感支持和班级管理领域的平

---

[1] HAMRE B K, PIANTA R C. Learning opportunities in preschool and early elementary classrooms[M]//PIANTA R C, COX M, SNOW K. School reading & the transition to kindergarten in the era of accountability. Baltimore, MD.: Paul H, Brookes Publishing Co. Inc, 2007:49-83.

[2] HU B Y, WU Z, WINSLER A, et al. Teacher-child interaction and preschoolers' learning behavior in China: A piecewise growth model[J]. Early education and development, 2020(2):1-18.

[3] HU B Y, WU Z, WINSLER A, et al. Teacher-child interaction and preschoolers' learning behavior in China: A piecewise growth model[J]. Early education and development, 2020(2):1-18.

均得分均高于5分,属于中等偏上水平,虽然在教育支持维度的得分仅为2.42分(属于中下等水平),但该领域中的最高得分能够达到5分,表明教师在个别活动中能够偶尔运用有效的教学策略,但这些策略的使用不够连贯和持续,且出现的频率不高,这反映了教师不能在儿童一日生活的各个环节或教学过程中灵活自如地采用有效的教学策略来促进儿童语言和认知等方面的发展。[1] 此外,针对该幼儿园的调查显示,小班在各个领域的平均得分略高于中班和大班,表明小班的师幼互动质量略高于中班和大班,研究者进一步指出,提升各年龄班师幼互动质量应关注不同的内容,小班师幼互动需要重点提升教师的认知发展策略的训练,中班师幼互动需要重点提升教师认知发展、反馈质量和语言示范3个维度上的能力,大班师幼互动需要重点提升教师在教学支持领域3个维度的能力。随后,胡碧颖等人基于潜在剖面分析探究了广东省幼儿园班级师幼互动的类型和特点,结果表明,低质量师幼互动的班级(28.9%),师幼互动的总体水平较差;中等质量且教学支持偏低的班级(47.8%),情感支持和班级管理水平较高,但教学支持水平较低;中等质量且教学支持偏高的班级(13.9%),情感支持和班级管理水平相对较低,但教学支持水平相对较高;还有一类班级(14.4%)表现为最高质量的师幼互动。这4个剖面反映了各类型班级在师幼互动质量上的差异,但总的来讲,这4类班级的互动质量都表现为教育支持水平较低,得分范围仅处于1~3分。[2]

二、师幼互动中的教师指导策略

我国学者周欣对一些幼儿园的具体措施也进行了总结。例如,针对浙江省某幼儿园提出了师幼互动的4个步骤:(1)了解——观察儿童的需要,做好互动准备;(2)取舍——寻求儿童需要与目标之间的平衡,判断

---

[1] HU B Y, ZHOU Y, LI K. Pinpointing Chinese early childhood teachers' professional development needs through self-evaluation and external observation of classroom quality[J]. Journal of early childhood teacher education, 2014, 35(1): 54-78.

[2] BI YING H, XITAO F, CHUANHUA G, NING Y. Applicability of the classroom assessment scoring system in Chinese preschools based on psychometric evidence[J]. Early education and development, 2016, 27(5): 714-734.

互动价值；（3）推动——借助有效策略，推动互动进程，如支持儿童实践自己的想法，耐心等待，通过提出关键的问题引导和帮助儿童归纳和提升经验；（4）反思——通过分析不断调整互动策略。[①] 毛新巧指出，教师可以从以下几个方面入手进行积极的师幼互动：（1）正确处理教师发起或回应互动时面向群体和关注个体的关系；（2）改变教师关注儿童的指向，从中捕捉有利于儿童多向互动的因素，促进儿童多向互动；（3）调整一日活动安排，促进儿童多向互动，按照生活、游戏、学习、运动四大活动领域合理安排；（4）运用符号表征、记录，促进儿童多向互动。[②] 黄娟娟通过对幼儿园半日活动中师幼类型的社会学研究，提出要发挥儿童主体性、建立平等型师幼互动类型的建议，其中包括：（1）教师应重视教育社会学理论对幼儿园半日活动的指导作用，教师理应自觉地把教育社会学作为其与儿童互动的理论基础之一，注意研究半日活动中的人际关系、空间布局等，充分"激活"半日活动中的全员交往。只有这样，才能实现师幼互动作用的最大化。（2）要在半日活动中增加师幼互动的比例。（3）建立多向的师幼相互作用模式、建立平等型师幼互动类型。[③] 黄娟娟还指出，积极有效的师幼互动需要把握好以下几对关系：（1）教师主体和儿童主体的关系；（2）教师与儿童集体互动、教师与儿童小组互动、教师与儿童个体互动之间的关系；（3）互动内容预设与生成的关系。[④] 还有研究者通过对幼儿园学习与非学习活动中师幼互动进行对比，指出为改善师幼互动现状，教师还有必要重视以下方面的工作：一要注重学习活动中的环境创设；二要关注学习与非学习活动中教师的内隐教育行为；三要积极探索激

[①] 周欣. 师幼互动和教育环境创设[J]. 幼儿教育,2005(19):10-12.
[②] 毛新巧. 从改善师幼互动到促进幼儿多向互动[J]. 学前教育研究,2006(1):37-39.
[③] 黄娟娟. 幼儿园半日活动中师幼互动类型及成因的社会学研究[J]. 上海教育科研,2009(2):43-46.
[④] 黄娟娟. 对积极有效师幼互动的探索和思考[J]. 幼儿教育（教育科学版）,2010(6):8-10.

发儿童主动发起互动的方式和方法。① 有研究者通过对幼儿园小班生活活动中师幼互动的现状进行分析，提出要建立良好的师幼互动需要创造温馨与和谐的班级环境，把儿童的需要视为互动前提，注重与儿童间的每一次互动，发挥家长力量共促儿童发展。② 有研究者基于情感视阈下的师幼互动研究，分析指出要构建积极的师幼互动首先应当明确积极情感型师幼互动的构建方向，即要认识到爱是构建积极情感型师幼互动的核心，从相处到相依是积极情感型师幼互动的关键，公平地对待每一个儿童是构建积极情感型师幼互动的保障。此外，作为教师，还应该规范自己的教学语言，提高自身的情绪智力。③

综上所述，师幼互动对学前儿童的身心发展以及教师专业发展的作用不容忽视。从目前我国师幼互动的研究现状来看，大多数研究集中于师幼的理论研究，师幼互动的结构、机制、类型以及特定活动情境下的师幼互动分析，对于师幼互动的研究，经验描述多，实证性资料较少，很少涉及多角度的全面分析。而在实践中，师幼互动也确实存在着差异问题，主要表现在互动方式、互动机会、互动内容等诸多方面，师幼互动的这些差异客观上对儿童学习的动机、学习过程与效果都会带来不同程度的影响。因此，本研究也将从情感支持、班级管理、教育支持三个维度来对当前幼儿园师幼互动的现状进行观察分析，从而为师幼更有效、更高质量的互动提出建议。

三、对师幼互动研究的展望

（一）拓宽师幼互动的研究视角

综合我国关于师幼互动的已有研究来看，多数研究主要是从社会学、教育学和心理学的角度出发探讨和分析师幼互动的基本问题，例如有研究

---

① 浦月娟. 幼儿园学习与非学习活动中师幼互动比较[J]. 学前教育研究,2009(3)：40-43.
② 聂懿. 幼儿园小班生活活动中师幼互动研究[D]. 保定：河北大学,2010：62-63.
③ 巨金香. 情感视域中的师幼互动研究[D]. 长春：东北师范大学,2006：45.

者从社会学视角分析和探讨了师幼互动的类型划分和成因,还有研究者从教育公平的视域探讨师幼互动的机会均等问题。此外,还有研究者从心理学视角探析影响师幼互动的主要因素以及师幼双方在互动过程中的主体建构。要想更深入地研究师幼互动问题,拓宽研究视野非常必要,如可从文化人类学或社会生态学等视角开展研究。

(二) 丰富师幼互动研究主题

我国学者关于师幼互动的研究主要聚焦在师幼互动的内涵、结构、内容和类型划分以及在某些特定活动或情境中的师幼互动分析上,有关师幼互动的研究主题总的来说还不够丰富,主要表现为经验类的描述较多,触及师幼互动中的具体问题以及师幼互动评价的研究较少,缺乏实证性的研究资料。而在具体的教育实践中,师幼互动在互动频率、互动内容、互动方式、互动效果等方面还存在着众多的差异,这些差异客观上会对儿童的学习动机、学习过程、学习效果及情绪情感带来一定的影响。由此看来,有关师幼互动研究的主题需要深入拓展,以显著丰富该领域的研究。

(三) 关注幼儿园教师对师幼互动的理解研究

目前,虽然有研究者关注到幼儿园教师对师幼互动的理解和反思,但多数研究主要还是从幼儿园教师之外分析,探讨幼儿园教师对师幼互动理解和反思的应然状态。有研究者对幼儿园教师对师幼互动的理解和反思进行访谈调查,但是这类研究较少,对教师自身对师幼互动的理解和反思的实然状态的关注较少。幼儿园教师是师幼互动的主体之一,他们对师幼互动的理解和反思越深入,越能有效地提高互动的水平,提升学前教育质量。因此,多关注一线幼儿园教师对师幼互动的理解和反思,增强幼儿园教师对师幼互动理解和反思的针对性以及实践价值是此类研究今后应拓展的一个主要领域。

(四) 逐步形成师幼互动理论体系

20世纪70年代以来,在西方的教育研究中,师幼互动逐渐发展成为专门研究领域,而我国有关师幼互动的研究起步较晚,对于师幼互动的研究主要聚焦在某些主题或情境中的描述性研究,缺乏共识;同时,已有的研究成果多为期刊论文，专门探讨师幼互动的著作极少；高等师范院校也没有设置专门分析和探讨师幼互动的职前课程。总之，在我国学前教育界，对有关师幼互动的理论缺乏宏观把握，对其中的部分内容也缺乏明确阐释，针对教师关于师幼互动的理解和反思也没有形成明确的引导方向。因此，在师幼互动研究上既要借鉴国外的研究方法，还要考虑到文化适宜性，研究者应多深入教育现场，坚持在实践中探索，从而逐步推动师幼互动的理论建设，促进幼儿园教师的实践与反思，引导幼儿园教师开展高质量的师幼互动，进一步提升学前教育质量。

第三章 幼儿园半日活动情境中的师幼互动分析

本章主要基于课堂互动评估系统（CLASS）的理论框架及评估方法，探讨及分析幼儿园半日活动情境中的师幼互动。全章共分三节内容：第一节重点阐述课堂互动评估系统（CLASS）视角下师幼互动的理论框架；第二节分析幼儿园半日活动情境下师幼互动的表现；第三节探讨教师背景因素对师幼互动的影响。

第一节 课堂互动评估系统（CLASS）视角下的师幼互动

课堂互动评估系统（classroom assessment scoring system，CLASS）是一个用来评价课堂（这里的课堂不仅仅局限于以整个班级为单位在教室里开展的集体教学活动，也包括幼儿园或小学不同教育情境下的各种形式和类型的活动，如区角活动、运动，集体活动、小组活动、教师儿童一对一的互动等等）质量的观察工具。CLASS 的评定提供了关于早期教育以及小学的相关信息，并且也对儿童学业以及社会性的发展具有预测性的价值。使用较广泛的是 CLASS 的两个版本：幼儿园版、学前班—三年级版。本研究主要借鉴适用于幼儿园班级活动评价的观察记录量表。

一、课堂互动评估系统（CLASS）的理论与实证基础

CLASS 的维度是基于发展理论及相关研究，表明学生和成人的互动是

学生发展和学习的主要机制。[1][2][3]CLASS 维度主要基于教师与学生在班级中的互动，这一评分系统不评价现实中的材料、物理环境及安全，或者采纳的某一具体课程。虽然观察互动和物理材料或者报告课程使用之间的区别是重要的，但是因为在绝大多数的早期环境中，材料和课程是存在的且组织良好的，因此，在 CLASS 中关注的是教师怎样使用材料以及教师和学生间的互动是怎样的。

CLASS 的研发基于对众多文献的回顾，也基于美国国家儿童健康和人类发展研究院（NICHD）早期养育研究（Study of Early Care）与国家早期发展和学习中心（NCEDL）多州学前研究（MultiState pre-K Study）中对大量班级的观察。CLASS 所评价的维度来自对儿童养育和小学研究中所使用的班级观察工具的回顾、有效教学实践的文献、小组讨论（focus groups）和大量的预研究。从最广泛的水平上来看，教师和学生之间的互动被分为 3 个维度："情感支持（ES）""班级管理（CO）"和"教育支持（IS）"。图 3-1-1 呈现了 CLASS 所评价的每一维度和这些维度包含的具体变量。这一用于班级互动的组织结构的有效性已经在 3 000 多个班级中得到验证，这些班级包括从学前班到小学五年级。

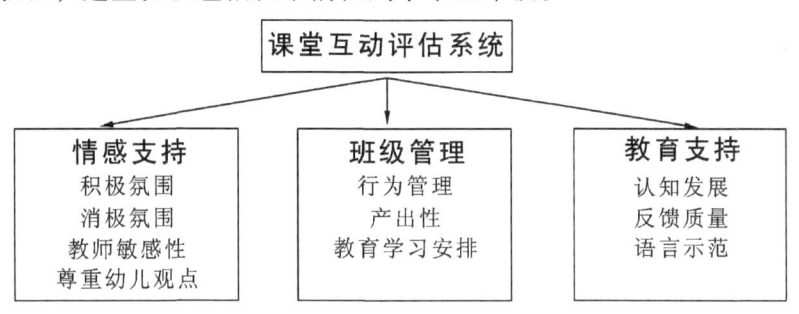

```
            课堂互动评估系统
         ↙        ↓        ↘
    情感支持     班级管理     教育支持
    积极氛围    行为管理     认知发展
    消极氛围    产出性       反馈质量
    教师敏感性  教育学习安排  语言示范
    尊重幼儿观点
```

图 3-1-1 CLASS 的维度和领域框架

---

[1] GREENBERG M T, DOMITROVICH C, BUMBARGER B, et al. The prevention of mental disorders in school-aged children: Current state of the field[J]. Prevention & treatment, 2001, 4 (1):1-52.

[2] HAMRE B K, PIANTA R C. Learning opportunities in preschool and early elementary classrooms[M]//PIANTA R C, COX M, SNOW K. School reading & the transition to kindergarten in the era of accountability. Baltimore, MD.: Paul H, Brookes Publishing Co. Inc, 2007:49-83.

[3] MORRISON F J, CONNOR C M. Understanding schooling effects on early literacy: A working research strategy[J]. Journal of school psychology, 2002, 40(6):493-500.

二、课堂互动评估系统（CLASS）的维度介绍

CLASS评估系统主要包括三大维度："情感支持（ES）""班级管理（CO）"和"教育支持（IS）"。三大维度下面又划分为10个小的维度，如"情感支持（ES）"的维度分为"积极氛围（PC）""消极氛围（NC）""教师敏感性（TS）""尊重幼儿观点（RSP）"4个方面的内容；"班级管理（CO）"的维度分为："行为管理（BM）""产出性（PD）""教育学习安排（ILF）"3个方面的内容；"教育支持（IS）"维度分为："认知发展（CD）""反馈质量（QF）"和"语言示范（LM）"3个方面的内容。[1] 在10个小维度的解释上，每个小维度又分为许多子项，以便观察者进行记录和评分。以下就每个大的维度进行描述性介绍。

（一）情感支持

情感支持主要包括以下几个评估方面："积极氛围（PC）"反映教师与学生或儿童之间所呈现的情感联系和通过口头与非口头互动建立的热情、尊重和喜爱。包括：关系、积极情感、积极交流、尊重等4个评估的子项。"消极氛围（NC）"，反映班级中表现出的消极情感；教师消极情感的频率或是对儿童表现出的消极情感，比如愤怒、对立或者攻击。包括：消极情感、惩罚控制、嘲笑/不尊重、严重的否定等4个评估的子项。"教师敏感性（TS）"，包括教师能意识和回应儿童的学习和情感需要；高度的敏感有助于儿童积极探索和学习能力的发展，因为教师总是能提供安慰、保证和鼓励。其中包括：意识、回应、关注问题、儿童自如表现等4个评估的子项。"尊重幼儿观点（RSP）"，关注教师与学生互动的水平，儿童对活动的兴趣、动机，教师对儿童观点的关注，鼓励学生负责和自主。其中包括：灵活和关注儿童、支持自主和领导、儿童表达、限制移动等4个评估的子项。

（二）班级管理

班级管理这一维度包括了与组织和管理儿童的行为、时间和注意力

---

[1] PIANTA R C, LAPARO K M, HAMRE B K. Classroom assessment scoring system (CLASS) manual, pre-K[M]. Baltimore：Brookes,2008：16.

有关的一系列班级过程。包括:"行为管理(BM)"即教师提供清晰的行为期望的能力及使用有效的方法来防止和修正行为。其中包括:清晰的行为期望、前瞻性、纠正错误行为、学生行为等4个评估的子项。"产出性(PD)"指考虑教师怎么组织教育时间,为幼儿提供活动,让他们有机会参与学习活动。其中包括:学习时间最大化、常规、过渡、准备等4个评估子项。"教育学习安排(ILF)"关注教师怎么最大限度地利用儿童的兴趣、让儿童最大限度地参与学习和让儿童从课程和活动中获得最多学习。其中包括:有效地促进、形式和材料多样、学生感兴趣、学习目标的澄清等4个评估子项。

(三)教育支持

CLASS中教育支持的理论基础主要来自儿童的认知和语言发展。CLASS中教育支持含有3个维度:"认知发展(CD)"评估教师对于能够促进高级思维能力和认知能力的教育性的讨论及活动的情况,以及教师对于理解性教育而非机械性教育的关注度,包括:分析和解释、创造、融会贯通、与现实世界联系等4个评估子项。"反馈质量(QF)"评估教师提供反馈的程度,这些反馈往往可以扩展学生的学习和理解,能够鼓励学生对于活动的持续性参与,包括:提供支架、反馈回路、促进思考过程、提供信息、鼓励和肯定等5个评估子项。"语言示范(LM)"关注教师使用语言刺激以及语言指导的质量和数量,包括经常对话、开放式的问题、重复和拓展、自我和平行对话、高级的语言等5个评估子项。

三、基于CLASS的观察与评价程序

根据课堂互动评估系统(CLASS)的要求,本研究采用现场观察,每位观察者以非参与的方式对选定的样本教师进行半日活动的观察,整个的CLASS观察开始于幼儿园一日生活的开始,持续到午饭时间,不低于2个小时,一般情况下是从早上8:30开始到中午11:30结束。与具体的行为编码不同,CLASS要求观察者基于观察周期中特定行为标志的水平,每一观察周期的每一维度划出一个分数。每一维度划定的分数从1(最低)到7(最高),展示了样本教师在班级半日活动中这一维度的活动程度。每一观

察周期（一个片段）包括20分钟。在这段时间内，观察者观察班级互动（主要集中在教师身上）并做记录，完成等级评定。观察者必须基于观察期间师幼互动行为的范围、频率、关注点和质量做出记录时间段的调整。CLASS的观察程序包括：一般的教师观察程序和录像的观察程序。本研究主要采用一般的教室观察程序进行观察记录评定。

一般教室观察程序如下：

观察可以根据活动类型的不同进行规划。在观察之前，观察者会与教师讨论一天的流程，并利用这一信息去规划观察，以保证尽可能地获得30分钟（20分钟观察、10分钟记录）的观察周期。观察者根据以下原则规划观察：

● 观察开始于幼儿园一日生活开始，具体的可以根据教师或者活动的安排进行调整。

● 利用30分钟观察周期（20分钟观察、10分钟记录）继续编码，直到观察结束。

● 要求获得4个观察周期（即每个片段必须不少于20分钟）的观察。

观察程序要求观察者在班级的自然状态下，仔细观察样本教师的各种活动20分钟。在这段时间里，观察者主要观察在班级中，谁、什么和事情怎么发生，尤其是关注教师的教育互动和行为。

观察单在每一观察维度的项目中为观察者预留了备忘录的空格，帮助观察者记下注解，以便观察者在每一观察周期结束后记录等级分数。每一观察周期中，都必须为每一观察维度做备忘录。这些备忘录构成了编码的基础，可以帮助观察者对编码做出调整。备忘录是主要反映维度的关键组成部分是否符合每个小维度的子项，而非无关的信息。另外，在半日活动中，常常会有观察单中没有涉及的子项中的要求，当这种情况出现时，备忘录中记录为"没有观察到"，等级得分记为1分。

在20分钟的详细观察和记录的最后，观察者根据自己在整个观察过程中记录下来的备忘录以及各个维度为CLASS的每一等级打出分数。在记下等级分数后，观察者应该开始一个新的CLASS观察周期。

第二节 幼儿园半日活动情境下师幼互动的表现

师幼互动是评估幼儿园过程性质量的重要指标之一。本研究基于课堂互动评价体系（CLASS）评估幼儿园半日活动中教师在师幼互动的情感支持、班级管理和教育支持方面的整体情况，并在此基础上重点分析幼儿园半日活动中不同活动情境和组织形式的活动中师幼互动的特点。

一、研究对象与方法

（一）研究对象

本研究采用随机抽样的方法，原计划随机抽取上海市示范园、一级园、二级园各15所，每所幼儿园随机抽取4名中班教师，经过联系沟通，部分幼儿园放弃参与，样本教师的选取主要是示范园14所、一级园15所、二级园12所，每所幼儿园随机抽取4名中班教师，部分幼儿园由于规模较小（只有2名中班教师）。因此，样本量最终确定为161名中班教师。

研究者将正式问卷所得有效样本的基本资料进行分析。本研究中样本教师的基本信息包括姓名、年龄、教龄、学历、专业、毕业院校、职称、园所级别等。样本中的161名教师均为女性，教师的平均年龄约为35岁，范围在21岁~53岁之间，平均教龄为13年，范围在1个月~34年之间（如表3-2-1所示）。

表3-2-1 161名教师的年龄及教龄分布情况

类别	平均值	范围
年龄（年）	35.0	21.31~53.35
教龄（月）	160.15（约13年）	1~408

样本教师的学历涵盖4种类型：大专学历、本科在读、本科学历、研究生学历，其分布如表3-2-2所示，其中，专科学历占38.5%，本科在读学历占5.6%，本科学历占54.7%，硕士学历占1.2%。

表3-2-2　样本教师的学历和职称分布情况

变量		人数/人	百分比/%
学历	专科及本科在读	71	44.1
	本科及以上	90	55.9
职称	无职称	29	18.0
	幼二/小二	4	2.5
	幼一/小一	54	33.5
	幼高/小高	72	44.7
	中高	2	1.2

样本教师的职称类别共有5种，其中包括无职称、幼教二级/小教二级、幼教一级/小教一级、幼教高级/小教高级、中教高级。具体的分布如表3-2-2所示，其中，18%的教师暂无职称，2.5%的教师职称为幼教二级或小教二级，33.5%的教师职称为幼教一级或小教一级，44.7%的教师职称为幼教高级或小教高级，1.2%的教师职称为中教高级。

另外，在161名样本教师所在的班级观察的644段活动中，师幼比例的平均值为1:19，范围是1/3~1/39。师幼比例较大的观察片段多为区角活动，其他半日活动情境时师幼比例比较小。

（二）研究方法

1. 观察法

本研究主要采用观察法（observation method）。观察法是教育调查研究中的一种重要的方法。所谓观察法，是指人们有目的、有计划地通过感官和辅助仪器，对处于自然状态下的客观实物进行系统考察，从而获取经验事实的一种科学研究方法。[①] 本研究主要采用非参与性观察，运用CLASS的观察单对幼儿园半日活动中教师在教学活动、区角活动、运动活动、生活活动时的互动行为进行观察记录、计分。从早晨8:30进入幼儿园开始观察直到上午11:30结束，每20分钟为一个片段，确保每位教师4个片段，并进行相应的记录，以期对半日活动中师幼互动有阶段性和总体的认

---

① 裴娣娜. 教育研究方法导论[M]. 合肥:安徽教育出版社,1997:184.

识。本研究的观察与记录采用摄像机辅助进行，以保证研究的有效性和全面性。

2. 案例分析法

为了探究幼儿园半日活动中师幼互动现象的深层次原因以及高质量师幼互动的特点，研究者运用了个案分析法。即在观察的基础上，根据CLASS 量化的得分，选取 10 个维度得分较高的 4 位教师、较低的 2 位教师，进行再次深入观察，并利用 eudico lingusitic annotator（简称 ELAN）的处理工具对拍摄视频进行转录，将互动事件的发生、发展及变化过程等实际情境进行如实、准确的记录，在此基础上，寻找相关理论对其进行较为详尽的分析，以保证本研究的深入开展。

3. 访谈法

访谈法分为正式访谈和非正式访谈两种，本研究以正式访谈的方式为主，非正式访谈为辅，以了解教师自身对师幼互动的理解。正式访谈是在初步的量化分析结束后对个案观察的教师进行访谈，约定好时间和地点，以半结构化的访谈提纲为主展开对被试教师进行的访谈，一般是在教师办公室内进行，访谈记录以录音为主。非正式访谈主要是在观察的空隙，教师没有出现任何参与儿童活动的行为时进行，一般是研究者与教师就某个儿童的行为或对观察到的现象存在某些疑问时，或是想了解更多有关的信息等与带班的教师进行的随意性交流，以获取更广泛的信息。

（三）评估工具

本研究采用课堂互动评估系统（classroom assessment scoring system, CLASS）来对教师的半日活动情境下的师幼互动情况进行观察和记录。课堂互动评估系统是一个用来评价课堂（这里的课堂不是仅仅局限于以整个班级为单位在教室里开展的集体教学活动，也包括幼儿园或小学不同教育情境下的各种形式和类型的活动，如区角活动、运动，集体活动、小组活动、教师与儿童一对一的互动，等等）质量的观察工具。CLASS 的评定提供了关于早期教育以及小学的相关信息，并且也对儿童学业以及社会性的发展具有预测性的价值，使用较广泛的两个版本是幼儿园版、学前班—三年级版。本研究主要借鉴适用于幼儿园班级活动评价的观察记录量表。

本研究对课堂互动评估系统（CLASS）的观察记录表中的部分项目进

行了适当的修改和添加，如在 CLASS 观察单中添加了教师信息的收集，其中包括教师的姓名，所在园所名称，班级人数，教师的年龄、学历、教龄、职称、毕业院校，观察者的姓名，观察起始时间，所观察活动的类型、组织形式，涉及的领域等信息。

（四）研究程序与数据分析

1. 观察程序

根据 CLASS 的要求，本研究采用现场观察的方法。考虑到上海市的幼儿园一般将一日中的主要活动安排在上午，研究中所有半日活动的观察也都是在上午进行的，观察者在进入幼儿园前提前和样本教师取得联系，约好观察日期，告诉教师不用做任何准备，以确保观察者进入现场的当天观察到的是该班自然状态下的师幼互动状况，而不是经过精心准备的，并且避开有特殊活动的日子，比如公开课、家长开放日等等。

2. 研究工具的信效度及评分者间的一致性

信度指的是一个工具在测量目标结果过程中独立于所产生的随机误差的程度。CLASS 的组织结构的信效度已经在 3 000 多个课堂里得到了检验，并且有许多大规模的追踪研究证实了 CLASS 在儿童社会性发展、自我效能感、读写能力以及学业成就上的预测效度，与 ECERS、Snapshot 等其他已经非常成熟的评价工具之间也呈现极其显著的相关性。另外，CLASS 在美国本土以外的文化情境中应用的信效度和预测性也得到了积极的验证，如用 CLASS 评估得出师幼互动水平能很好地预测拉丁美洲裔双语儿童的社会、数学和读写能力等。

一致性的评定建立了一种标准，即评定受训者（即观察者）评定的正确率；那些一致性程度不高的评定表明随机误差还较大，也即需要进一步的培训。在培训的最后，观察者应该进行一个信度测试，即观看教室的录像片段并进行编码。[1] 由于本研究样本量较大，因此有其他观察者的参与，才得以收集到众多宝贵的观察记录表，参与本研究的观察者均具有学前教育专业研究生背景，在研究的前期，观察者集体参加了观察工具的培训学

---

[1] PIANTA R C, LAPARO K M, HAMRE B K. Classroom assessment scoring system(CLASS) manual, pre-k[M]. Baltimore: Brookes, 2008: 25.

习,在已熟悉CLASS的框架及各个维度内容的基础上,对工具的使用、各个维度的理解以及评分的细节问题进行了深入的讨论。为了保证观察者间信度的一致性,收集数据前,观察者集体观看了10段不同领域的幼儿园教学活动,对每个观察者的打分进行统计,第一阶段选取了4段视频,在4段视频的统一观看、计分后,11位观察者两两之间的得分一致性频率均约为80%,其中有2名观察者与其他观察者之间的一致性最低值只有40%和50%的情况,之后研究者与他们进行了个别讨论,并再次学习每个维度的评定标准,经过细节的讨论和标准的再学习之后,他们与其他观察者开始了第二阶段一致性的测试。在第二阶段,主要是3段视频的集体观看的独立评分,经过前一次的观察、评定、讨论后,第二阶段的观察者一致性明显提高,11位观察者两两之间的一致性达到85%,又出现2名观察者与其他观察者之间的一致性频率只有40%和60%的情况,如同第一阶段的方法,又让他们进行个别讨论和评定标准的再学习,随即进入第三阶段的一致性测试。在第三阶段,13位观察者仍进行3段视频的统一观看、独立的记录和评定,最终13位观察者两两之间的评分一致性频率均达到80%以上。

为了让观察者熟悉现场观察的流程,还进行了一次入园体验,让观察者两人一组,双重编码,从样本中随机抽取一位教师,观察其主班时的一段集体教学活动和区角活动,以20分钟为一个观察周期进行记录打分,完成后召开会议就真实情境下观察打分时出现的问题、教训和经验进行讨论汇总,为正式入园观察做好准备。正式进入幼儿园开始观察评分之后,观察者每两周召开一次团队会议,交流讨论前两周入园观察的体验和问题,并不定期在团队会议上观看从样本群体以外的幼儿园拍摄回来的活动视频,进行记录、评分、讨论,以检验和维持观察者间的一致性。期间一共观看了7段(第一次3段,第二次4段)上海市一级幼儿园中的教师集体教学活动的视频片段,13位观察者统一观看视频,独立记录和评定,当场将观察单上交,每次观看视频后,观察者两两的评分一致性频率均约为80%。截至161位教师的互动观察结束之前,观察者两两之间的一致性较好,Kappa值大于0.60。

此后,观察者开始正式进入幼儿园对样本教师进行观察。正式进入幼儿园开始观察评分之后，观察者每两周召开一次团队会议，交流讨论前两周入园观察的体验和问题，并不定期在团队会议上观看从样本群体以外的幼儿园拍摄回来的活动视频，进行记录、评分、讨论，以检验维持观察者间的一致性。

3. 资料整理与数据分析

本研究的观察单记录均依下列步骤进行资料整理，以求资料的确切性。（1）原始观察单输入：进行完所有样本的观察后，将观察单的教师信息、班级信息、等级分数以及观察记录的文字统一输入电脑。（2）资料编码：对于每份有效的观察单进行编码，并输入电脑储存建档。（3）资料核对：观察单资料完成电脑建档后，对资料以人工方式与每位观察者进行一一核对，修正可能的错误，使调查所得的资料能够正确无误。

本研究采用描述性统计、独立样本 t 检验、单因素方差分析、皮尔森积差相关等统计方法分析资料，主要用于分析样本教师的基本资料，如教师的年龄、教龄、学历背景、职称等，以人数百分比呈现样本教师的背景资料，以平均数及标准差描述样本教师在课堂互动评估中各维度的得分及各因素的得分情况。采用独立样本 t 检验分析不同学历的样本教师在班级与儿童互动的差异情况，以及不同类型的活动情境下教师在班级与儿童互动的差异情况。采用单因素方差分析（one-way ANONA）及事后比较法（scheffe）分析不同样本教师的背景因素（教龄、职称、园所级别）下教师在班级与儿童互动的差异情况，以及不同类型的活动情境下教师在班级与儿童互动的差异情况。采用积差相关法（pearson's product moment correlation）分析教师在"情感支持（ES）""班级管理（CO）"和"教育支持（IS）"三大维度以及 10 个子维度上得分的相关程度。

二、基于 CLASS 观察和评估师幼互动的现状

（一）幼儿园半日活动情境下师幼互动的整体水平

1. 幼儿园半日活动情境下师幼互动各维度的表现

将 161 名教师的 644 段活动在"积极氛围（PC）""消极氛围（NC）""教师敏感性（TS）""尊重幼儿观点（RSP）""行为管理（BM）""产出性（PD）""教育学习安排（ILF）""认知发展（CD）""反馈质量

(QF)""语言示范(LM)"等10个子维度的得分进行整合,得出161份平均分的数据并进行统计分析,作为这161名幼儿园教师班级师幼互动在各维度的整体水平。

表3-2-3 教师在CLASS 10个子维度上得分的平均数、标准差以及全距

($n=161$)

维度	M	SD	区间
积极氛围(PC)	5.39	1.04	1.75~7.00
消极氛围(NC)	1.37	0.89	1.00~7.00
教师敏感性(TS)	4.26	1.21	1.25~6.75
尊重幼儿观点(RSP)	4.54	1.10	1.50~6.50
行为管理(BM)	4.78	1.06	1.00~6.50
产出性(PD)	4.59	1.12	1.00~6.75
教育学习安排(ILF)	4.50	1.14	1.50~6.75
认知发展(CD)	3.63	1.22	1.00~6.25
反馈质量(QF)	3.99	1.31	1.00~6.50
语言示范(LM)	4.10	1.18	1.00~6.75

注:每个维度包括1~7分。

将161名教师的644段活动在"积极氛围(PC)""消极氛围(NC)""教师敏感性(TS)""尊重幼儿观点(RSP)""行为管理(BM)""产出性(PD)""教育学习安排(ILF)""认知发展(CD)""反馈质量(QF)""语言示范(LM)"等10个子维度的得分进行整合,作为这161名幼儿园教师班级师幼互动在各维度的整体水平。得出的调查对象师幼互动的整体情况为:161名教师在"积极氛围(PC)"这一维度上,平均得分为5.39分,处于(1.75,7.00]的区间,是所有维度中平均得分最高的,处于高级水平。在"消极氛围(NC)"这一维度上,教师的平均得分为1.37分,处于[1.00,7.00]的区间,这一维度属于反向计分,可见教师的消极氛围不高,对儿童有较好的情感支持。在"教师敏感性(TS)"这一维度上,教师的平均得分为4.26分,处于(1.25,6.75)的区间,可见教师在与儿童互动的敏感性方面基本上属于中等水平。在"尊

重幼儿观点（RSP）"这一维度上，教师的平均得分为4.54分，处于(1.50，6.50)的区间，整体也是处于中等水平。在"行为管理（BM）"这一维度上，教师的平均得分为4.78分，处于[1.00，6.50)的区间，整体处于中等水平。在"产出性（PD）"这一维度上，教师的平均得分为4.59分，处于[1.00，6.75)的区间，整体处于中等水平。在"教育学习安排（ILF）"这一维度上，教师的平均得分为4.50分，处于(1.50，6.75)的区间，整体处于中等水平。在"认知发展（CD）"这一维度上，教师的平均得分为3.63分，处于[1.00，6.25)的区间，整体处于中等偏低的水平。在"反馈质量（QF）"这一维度上，教师的平均得分为3.99分，处于[1.00，6.50)的区间，整体处于中等偏低水平。在"语言示范（LM）"这一维度上，教师的平均得分为4.10分，处于[1.00，6.75)的区间，整体处于中等水平。

在10个子维度上，"积极氛围（PC）"这一维度上的平均得分最高，而在"认知发展（CD）"这一维度上的平均得分最低（因"消极氛围（NC）"为反向计分），在"消极氛围（NC）"这一维度上的标准差最小，为0.89，这表明教师在这一维度上的得分比较集中。

将161名教师的644段活动的CLASS得分进行统计整合，得出教师在"积极氛围（PS）""消极氛围（NS）""教师敏感性（TS）""尊重幼儿观点（RSP）""行为管理（BM）""产出性（PD）""教育学习安排（ILF）""认知发展（CD）""反馈质量（QF）""语言示范（LM）"等10个子维度1~7分上的得分频率分布（如表3-2-4）。

表3-2-4　161名教师在CLASS 10个子维度上的得分频率（%）分布

($n=161$)

得分	积极氛围	消极氛围	教师敏感性	尊重幼儿观点	行为管理	产出性	教育学习安排	认知发展	反馈质量	语言示范
7	13.5	1.2	2.6	3.4	2.8	4.0	4.2	2.8	3.7	2.6
6	43.9	1.4	20.2	21.7	30.9	24.5	25.2	14.3	18.3	17.1
5	21.6	0.8	23.8	32.5	31.8	31.4	27.5	21.6	23.8	25.3

续表

得分	积极氛围	消极氛围	教师敏感性	尊重幼儿观点	行为管理	产出性	教育学习安排	认知发展	反馈质量	语言示范
4	14.5	1.6	24.1	21.9	20.5	21.3	21.7	19.3	18.3	23.8
3	3.6	3.0	17.1	11.2	7.1	8.7	9.7	11.8	12.9	13.7
2	1.7	8.6	7.9	6.5	4.3	5.4	3.9	7.6	8.9	9.3
1	1.2	83.4	4.3	2.8	2.6	4.7	7.8	22.6	14.1	8.2

由表3-2-4可以看出，在"积极氛围（PC）"这一维度上，644个活动观察片段中43.9%的观察片段中教师得分都在6分，属于高级水平，1.2%的观察片段中教师得分为1分，属于低级水平。在"消极氛围（NC）"这一维度上，83.4%的观察片段中教师的得分为1分，由于此维度属于反向计分，因此教师整体属于高级水平。在"教师敏感性（TS）"这一维度上，24.1%的观察片段中教师的得分为4分，23.8%的片段中教师得分为5分，可见教师在这一维度上普遍处于中等水平。在"尊重幼儿观点（RSP）"这一维度上，32.5%的观察片段中教师得分为5分，21.9%的片段中教师得分为4分，可见教师在这一维度上普遍处于中等水平。在"行为管理（BM）"这一维度上，31.8%的观察片段中教师得分为5分，30.9%的片段中教师得分为6分，可见教师在这一维度上普遍处于中等偏高水平。在"产出性（PD）"这一维度上，31.4%的观察片段中教师得分为5分，24.5%的观察片段中教师得分为6分，可见教师在这一维度上普遍处于中等偏高水平。在"教育学习安排（ILF）"这一维度上，27.5%的观察片段中教师得分为5分，25.2%的观察片段中教师得分为6分，教师在这一维度上普遍处于中等偏高水平。在"认知发展（CD）"这一维度上，22.7%的观察片段中教师得分为1分，21.6%的观察片段中教师得分为5分，这一维度上的分数分布呈现这种情况的原因在于，在CLASS的维度计分中，部分活动片段中没有观察到教师在这一维度上的表现，记为1分，文字记录为"没有观察到"。例如，在生活活动中的餐点或户外早操的片段，教师很可能没有出现在认知发展这个维度上的支持，因此，记为1分，文字记录为"没有观察到"。由此可见，在161名教师的644段活动

中低于22.7%的观察片段中教师在这一维度上没有出现该维度范畴内的表现。在"反馈质量（QF）"这一维度上，23.8%观察片得得分为5分，18.3%的观察片段得分为6分，18.3%的观察片段得分为4分，同样14.1%的观察片段得分为1分，即644段活动中有≤14.1%的观察片段中教师在这一维度上没有出现该维度范畴内的表现。在"语言示范（LM）"这一维度上，25.3%的观察片段得分为5分，23.8%的观察片段得分为4分，17.1%的观察片段得分为6分，可见在这一维度上，综合644段活动片段，教师的得分属于中等偏高的等级。

2.5 幼儿园半日活动情境下师幼互动在CLASS三大维度上的表现

通过对161份数据进行三大维度上的公式计算，得出教师在三大维度上的平均分及标准差（如表3-2-5），作为教师在CLASS班级互动评估体系中的三大维度上的整体水平。

表3-2-5 教师在CLASS三大维度上的平均数与标准差分析表

($n=161$)

三大维度	平均数	标准差	全距
情感支持（ES）	5.21	0.88	1.88~6.75
班级管理（CO）	4.62	1.02	1.25~6.58
教育支持（IS）	3.91	1.15	1.08~6.42

将161名教师在CLASS课堂互动评估系统中"情感支持（ES）""班级管理（CO）""教育支持（IS）"三大维度上的得分进行整合，得出161名幼儿园教师在师幼互动三大方面上的整体水平（如表3-2-5）：161名教师在"情感支持（ES）"这一维度上的平均得分为5.21分，处于（1.88,6.75）的区间，整体处于高级水平。在"班级管理（CO）"这一维度上的平均得分为4.62分，处于（1.25,6.58）的区间，整体表现为中等水平。在"教育支持（IS）"这一维度上的平均得分为3.91分，处于（1.08,6.42）的区间，整体表现为中等偏低的水平。其中，教师在"情感支持（ES）"的维度上平均得分最高，其次是"班级管理（CO）"，最后是"教育支持（IS）"。同时在"情感支持（ES）"这一维度上标准差也

最小,为0.88,可见教师在这一维度上的得分比较集中。而在"教育支持(IS)"这一维度上标准差最大,约为1.15,表明教师在这一维度上的得分差异比较大。

(二)课堂互动评估系统(CLASS)中各维度得分的相关性

1. 课堂互动评估系统(CLASS)中三大维度上的相关程度

通过对161份数据进行三大维度上的统计,得出教师在"情感支持(ES)""班级管理(CO)""教育支持(IS)"三大维度上的平均分及标准差,作为教师在CLASS互动评估体系中的三大维度上的整体水平,为了进一步了解教师在CLASS评估中的得分在三大维度上的相关程度,研究者对此采用皮尔逊积差相关进行探讨。

表3-2-6 CLASS得分在三大维度上的相关

三大维度	情感支持(ES)	班级管理(CO)	教育支持(IS)
情感支持(ES)		0.80**	0.77**
班级管理(CO)			0.79**
教育支持(IS)			

注:**在0.01水平(双侧)上显著相关。

由表3-2-6可以看出,本研究中161名教师在"情感支持(ES)""班级管理(CO)""教育支持(IS)"三大维度上的得分均存在相关:0.8~1.0为极强相关;0.6~0.8为强相关;0.4~0.6为中等程度相关;0.2~0.4为弱相关;0.0~0.2为极弱相关或无相关。在三大维度上,"情感支持(ES)"和"班级管理(CO)"之间的相关系数是0.80,相关系数最高,表现为极强相关。"情感支持(ES)"和"教育支持(IS)"之间的相关系数是0.77,表现为强相关;"班级管理(CO)"和"教育支持(IS)"之间的相关系数为0.79,表现为强相关。

2. 课堂互动评估系统(CLASS)中10个维度之间得分的相关性

为了解课堂互动评估系统(CLASS)中10个维度之间的关系,研究者通过皮尔逊积差相关来探讨。由表3-2-7可以看出,本研究中161名教师在"积极氛围(PC)""消极氛围(NC)""教师敏感性(TS)""尊重幼儿观点(RSP)""行为管理(BM)""产出性(PD)""教育学习安排(ILF)""认知发展(CD)""反馈质量(QF)""语言示范(LM)"等10个子维度上的得分均存在相关:0.8~1.0为极强相关;0.6~0.8为强相关;0.4~0.6为中等程度相关;0.2~0.4为弱相关;0.0~0.2为极弱相关或无相关。在10个子维度中,教师的"反馈质量(QF)"与"语言示范(LM)"之间的相关系数为0.84,相关系数最高,表现为极强先关;其次是,"教师敏感性(TS)"与"反馈质量(QF)"之间的相关系数为0.82,表现为极强相关;再次,"认知发展(CD)"与"反馈质量(QF)"之间的相关系数为0.81,表现为极强相关;"产出性(PD)"与"教育学习安排(ILF)"之间的相关系数为0.80,表现为极强相关。

表3-2-7 课堂互动评估系统CLASS中10个维度之间的相关

维度	积极氛围(PC)	消极氛围(NC)	教师敏感性(TS)	尊重幼儿观点(RSP)	行为管理(BM)	产出性(PD)	教育学习安排(ILF)	认知发展(CD)	反馈质量(QF)	语言示范(LM)
积极氛围(PC)		-0.49**	0.71**	0.67**	0.64**	0.60**	0.67**	0.53**	0.65**	0.64**
消极氛围(NC)			-0.35**	-0.37**	-0.30**	-0.34**	-0.32**	-0.17**	-0.21**	-0.23**
教师敏感性(TS)				0.80**	0.65**	0.74**	0.79**	0.74**	0.82**	0.77**
尊重幼儿观点(RSP)					0.59**	0.71**	0.74**	0.69**	0.77**	0.66**
行为管理(BM)						0.78**	0.72**	0.60**	0.60**	0.51**
产出性(PD)							0.80**	0.71**	0.71**	0.64**
教育学习安排(ILF)								0.76**	0.78**	0.73**
认知发展(CD)									0.81**	0.75**
反馈质量(QF)										0.84**
语言示范(LM)										

注:**$P<0.01$;*$P<0.05$。

(三)不同的活动类型和组织形式中师幼互动的整体情况

幼儿园半日活动的活动类型和组织形式也是本研究中讨论师幼互动现状的重要背景,根据《上海市学前教育课程指南》中的描述,将幼儿园一日活动中的主要活动归为4种类型,即生活活动、运动、学习活动、游戏活动;活动组织形式一般包括集体活动、小组活动。但是,根据在幼儿园中实际观察到的半日活动中师幼互动的情况，研究者认为游戏是融入儿童一日活动的各个环节中的，不宜与其他各类活动生硬地分开，而区角活动在幼儿园的半日活动中则出现较多，因此，本研究没有把游戏活动作为一个单独的类型，而将活动类型概括为教学活动、运动、区角活动、生活活动。同时，师幼互动的过程中存在教师与儿童一对一的互动形式，因此活动组织形式分为集体活动、小组活动和个人时间。

1. 不同类型的活动中教师的师幼互动情况

本部分将对161名样本教师644段活动的CLASS班级评价得分进行描述性统计，分别计算在不同的活动类型中调查对象在CLASS评估体系的10个小维度中的平均得分和标准差。

表3-2-8 不同类型的活动中教师CLASS得分的平均数（M）和标准差（SD）

($n = 644$)

维度	教学活动 ($n=287$) M	SD	运动 ($n=147$) M	SD	区角活动 ($n=149$) M	SD	生活活动 ($n=61$) M	SD
积极氛围(PC)	5.450	1.180	5.410	1.181	5.380	1.180	5.110	1.450
消极氛围(NC)	1.360	1.450	1.110	0.970	1.210	0.860	1.590	1.410
教师敏感性(TS)	4.250	1.410	4.380	1.421	4.320	1.470	3.890	1.620
尊重幼儿观点(RSP)	4.610	1.320	4.550	1.401	4.620	1.300	3.950	1.470
行为管理(BM)	4.830	1.330	4.820	1.228	4.790	1.250	4.460	1.370
产出性(PD)	4.720	1.390	4.580	1.485	4.640	1.310	3.870	1.540
教育学习安排(ILF)	4.800	1.350	4.630	1.420	4.460	1.490	2.85	1.740
认知发展(CD)	4.310	1.630	2.780	1.823	3.670	1.700	2.440	1.700
反馈质量(QF)	4.470	1.540	3.370	1.814	4.170	1.670	2.740	1.680
语言示范(LM)	4.570	1.380	3.530	1.589	4.150	1.500	3.200	1.600

从表3-2-8的统计可以看出，教师在教学活动、运动、区角活动、生活活动中，在"认知发展（CD）"方面得分都较低。在教学活动中，教师的总体得分都比较高，但总体都处于中等水平；在运动环节中，教师在师幼互动的"认知发展（CD）"和"反馈质量（QF）""语言示范（LM）"等方面

的得分偏低,离散程度较大;在区角活动中,教师在"教师敏感性(TS)""尊重幼儿观点(RSP)"方面得分明显高于其他各类活动;在生活活动中,教师在"认知发展(CD)"和"反馈质量(QF)""语言示范(LM)"方面得分明显低于其他各类活动,都处于较低水平。

2. 师幼互动在不同类型活动中的差异

如果将活动内容作为自变量,将10个子维度的得分作为因变量,进行单因素方差分析,得出在幼儿园半日活动的不同活动背景中教师在师幼互动以下几个方面存在显著差异,如表3-2-9所示。

表3-2-9 师幼互动在不同类型的活动中部分子维度上的差异

维度	活动内容	活动数量	平均数	F	P
尊重幼儿观点（RSP）	教学活动	287	4.61	4.31	0.005
	运动	147	4.55		
	区角活动	149	4.62		
	生活活动	61	3.95		
产出性（PD）	教学活动	287	4.72	6.22	0.000
	运动	147	4.58		
	区角活动	149	4.64		
	生活活动	61	3.87		
教育学习安排（ILF）	教学活动	287	4.80	31.08	0.000
	运动	147	4.63		
	区角活动	149	4.46		
	生活活动	61	2.85		
认知发展（CD）	教学活动	287	4.31	37.36	0.000
	运动	147	2.78		
	区角活动	149	3.67		
	生活活动	61	2.44		

续表

维度	活动内容	活动数量	平均数	F	P
反馈质量 （QF）	教学活动	287	4.47	27.43	0.000
	运动	147	3.37		
	区角活动	149	4.17		
	生活活动	61	2.74		
语言示范 （LM）	教学活动	287	4.57	24.59	0.000
	运动	147	3.53		
	区角活动	149	4.15		
	生活活动	61	3.20		

根据表3-2-9的统计得知，师幼互动的部分维度在不同类型的活动中存在显著差异。在"尊重幼儿观点（RSP）""产出性（PD）""教育学习安排（ILF）"方面，教师在生活活动中的平均分明显低于其他几项活动，存在着显著的差异，教师"尊重幼儿观点（RSP）"在区角活动中的平均分最高，教师的"产出性（PD）"和"教育学习安排（ILF）"在教学活动中平均分最高。

在不同类型的活动中，教师在"认知发展（CD）""反馈质量（QF）""语言示范（LM）"三个维度中均存在显著差异。在教学活动中，教师的平均得分最高，其次是区角活动，生活活动的平均分最低。生活活动中教师的互动水平明显低于其他活动情境，运动中教师的互动水平明显低于教学活动和区角活动（$p<0.01$）。

（四）不同组织形式的活动中教师的师幼互动情况

1. 教师在不同组织形式的活动中CLASS得分的平均数和标准差分析

对161名教师的644段活动的不同组织形式进行相应的分类，可以分为"集体活动""小组活动""个人时间"等三大类，并进行统计，得出表3-2-10的结果。

表3-2-10　不同组织形式的活动中教师CLASS得分的平均数(M)和标准差(SD)

($n=644$)

CLASS 维度	集体活动 ($n=422$)		小组活动 ($n=120$)		个人时间 ($n=102$)	
	M	SD	M	SD	M	SD
积极氛围(PC)	5.39	1.22	5.34	1.22	5.46	1.17
消极氛围(NC)	1.44	1.15	1.29	0.98	1.18	0.68
教师敏感性(TS)	4.23	1.47	4.22	1.49	4.44	1.31
尊重幼儿观点(RSP)	4.52	1.36	4.58	1.37	4.54	1.36
行为管理(BM)	4.76	1.35	4.74	1.21	4.93	1.15
产出性(PD)	4.62	1.47	4.33	1.51	4.78	1.11
教育学习安排(ILF)	4.59	4.55	4.28	1.68	4.54	1.45
认知发展(CD)	3.85	1.85	3.30	1.70	3.16	1.82
反馈质量(QF)	4.13	1.73	3.63	1.85	3.82	1.65
语言示范(LM)	4.29	1.51	3.63	1.60	3.91	1.54

在观察到的422段"集体活动"中，教师在CLASS评估体系中的部分子维度得分情况如下：教师在"积极氛围（PC）"这一维度上的平均分最高为5.39分，标准差为1.22，整体处于中等偏高的水平。在"消极氛围（NC）"这一维度上的平均分为1.44分，标准差为1.15，由于此维度的计分为反向计分，因此教师整体出现消极情感的现象较少。在"认知发展（CD）"这一维度上的平均分最低为3.85分，标准差为1.85，整体处于中等偏低水平。其次是"反馈质量（QF）"这一维度上教师的平均得分为4.13分，标准差为1.73，整体也处于中等水平。

在观察到的120段"小组活动"中，教师在CLASS评估体系中部分子维度得分情况如下：教师在"积极氛围（PC）"这一维度上的平均分最高为5.34分，标准差为1.22，整体处于中等偏高的水平。在"认知发展（CD）"这一维度上的平均分最低，为3.30分，标准差为1.70，整体处于中等水平。其次是"反馈质量（QF）"和"语言示范（LM）"这两个维度上教师的平均得分为3.63分，整体也处于中等偏低水平。

在观察到的102段"个人时间"性质的片段中,教师在CLASS评估体系中的10个维度得分情况如下:教师在"积极氛围(PC)"这一维度上的平均分最高为5.46分,标准差为1.17,整体处于中等偏高的水平。在"认知发展(CD)"这一维度上的平均分最低,为3.16分,标准差为1.82,整体处于中等水平。其次是"反馈质量(QF)"这一维度上,教师的平均得分为3.82分,标准差为1.65,整体也处于中等水平。

2. 师幼互动在不同组织形式的活动中的差异

通过将活动形式作为自变量,将其分为集体活动、小组活动、个人时间,将10个子维度的得分作为因变量,进行单因素方差分析,得出在幼儿园半日活动的不同活动形式中,教师在师幼互动的以下几个方面存在显著差异(如表3-2-11所示)。

表3-2-11 师幼互动在不同组织形式的活动中部分维度上的差异

维度	活动形式	活动数量	平均数	F	p
产出性(PD)	集体	422	4.62	3.12	0.045
	小组	120	4.33		
	个人时间	102	4.78		
认知发展(CD)	集体	422	3.85	8.43	0.000
	小组	120	3.30		
	个人时间	102	3.16		
反馈质量(QF)	集体	422	4.13	4.26	0.000
	小组	120	3.63		
	个人时间	102	3.82		
语言示范(LM)	集体	422	4.29	9.64	0.000
	小组	120	3.63		
	个人时间	102	3.91		

根据表3-2-11的统计得知,师幼互动的部分维度在不同组织形式的活动中存在显著的差异。在"产出性(PD)"的维度中,小组活动的形式中教师与幼儿的互动水平明显低于在集体和个人时间这两种形式的活动

中的水平。在"反馈质量（QF）"和"语言示范（LM）"这2个维度中，小组活动的形式中教师与儿童互动的水平明显低于在集体和个人时间这两种形式的活动中的水平（$p<0.01$）。

四、幼儿园半日活动情境下师幼互动的特征

（一）幼儿园半日活动情境下师幼互动的整体水平

从CLASS整体10个维度的得分描述统计上来看，161名教师的平均得分均属于"中等"水平，即在10个维度1~7分的全距中，多数教师的平均得分都集中在5分上，这表明幼儿园的师幼互动在"积极氛围（PC）""教师敏感性（TS）""行为管理（BM）""产出性（PD）"以及"教育学习安排（ILF）"等方面已达到基本水平。其中"积极氛围（PC）"维度的平均分最高，经过对CLASS观察单中的文字记录进行回顾，多数教师在这个维度上的记录都包括："面带微笑""使用谢谢、对不起等礼貌用语""有身体接触"等等，可见教师在与儿童交往的过程中，总体上呈现积极的情感态度。在"认知发展（CD）"维度上的平均分最低，出现1分的情况最多，观察单上的文字记录中常出现"没有观察到"或"在创造方面教师很少呈现相关的互动内容"，在与现实世界的联系方面出现的也比较少，因此，造成这一维度整体得分偏低。皮雅塔等人在幼儿园班级互动的研究中也曾指出：在班级互动中教师都表现出较高水平的情感支持，而在对儿童教育支持方面的水平则比较低，特别是在认知发展和反馈上的水平最低。[1] 这与本研究的结果基本一致，下面将从CLASS中"情感支持（ES）""班级管理（CO）""教育支持（IS）"三大维度进行师幼互动整体水平的探讨。

1. 师幼互动中教师在"情感支持（ES）"方面的整体水平较高

虽然在这一维度上的平均得分在三大维度中最高，但是还没有达到CLASS计分标准中的"高级水平（6~7分）"，这与皮雅塔等人在幼儿园

---

[1] LA PARO K M, PIANTA R C, STUHIMAN M. The classroom assessment scoring system: Findings from the prekindergarten year[J]. Elementary school journal, 2004, 104(5): 409-426.

中进行的 CLASS 评估结果一致。"情感支持（ES）"这一大维度包括："积极氛围（PC）""消极氛围（NC）""教师敏感性（TS）""尊重幼儿观点（RSP）"等四个方面的内容，根据对观察的文字记录进行整理分析，发现多数教师在"积极氛围（PC）"上基本都能做到"教师和/或儿童有时表露出积极的情感"，在"消极氛围（NC）"上，也很少表露出对儿童严重的否定或惩罚，因此都处于中等偏高的水平，但在"教师敏感性（TS）"的维度上，多数教师的得分明显较低。一方面与教师自身的教学水平和经验有关，如教师有时对儿童的问题和关注点的关注是无效的，即可能因为自身的教学水平有限而没有能够解决儿童提出的问题，有时由于教师自身的教学经验不足，而无法预设某些问题的出现，导致儿童的需要被忽视。另一方面与班级环境有关，克劳森研究发现班级容量也是影响师幼互动的一个因素，当班级容量较大时，教师经常组织集体活动或小组活动，这会很大程度上影响师幼互动的频率。[①] 因此，可能由于班级的儿童较多，教师在集体教学中无法顾忌到每一个儿童的需要，而导致教师无法关注到那些需要特别支持、帮助和关注的儿童。在"尊重幼儿观点（RSP）"方面，多数教师还是做到"有些时候，教师可能追随儿童的主导；但是在其他时间，教师处于控制地位"这样的程度，能够鼓励儿童进行表达，特别是在集体教学中教师都会鼓励儿童"请你来说一说，你是怎么想的"，或在区角活动中鼓励儿童"选择自己喜欢的游戏"，等等；但在活动过程中，多数教师表现为有时会控制学生的运动和选择位置的自由，从而影响到总体得分。

根据上述的文字记录回顾和分析，可以看出多数教师基本都能做到与儿童保持相对积极的师幼关系，对儿童有基本的尊重，教师基本具有支持班级中社会性和情感功能的能力，这说明教师往往都会出于职业道德或自身专业素养的约束，充满爱心地与儿童交流，试图与儿童建立积极融洽的师幼关系，这就为儿童创建了在幼儿园中健康发展所需的宽松的氛围。研究者认为在"情感支持（ES）"方面，教师的表现也常和自身的性格特点

---

① CLAWSON M A. Contributions of regulatable quality and teacher-child interaction to children's attachment security with day care teachers[C]//Paper presented to the 62nd Biennial Conference of the Society for Research in Child Development. Washington DC,1997.

及其所坚持的教育观念相关,如在对J教师进行访谈时,她就说道:"我每次观摩一些名师讲课之后,都有很深的感触,就是作为幼儿园教师也是需要一定的天分的!"此外,卡根等人就曾通过研究得出结论:奉行以"儿童为中心"教育观念的教师比奉行以"教师为中心"教育观念的教师在与单个儿童或小组儿童进行互动的时候,时间更长、频次更多,对儿童的行为反馈较为及时,更为敏感,师幼关系也相对亲密。[①] 因此,比如,有的教师天生比较具有亲和力、活泼开朗,有着一颗关爱孩子的心,这样就比较容易与儿童形成融洽的师幼关系,从而使班级的氛围轻松、自由,这样更利于彼此间的互动。在"教师敏感性(TS)"和"尊重幼儿观点(RSP)"方面,则更多体现的是对教师工作经验和观察能力上的考察,这与教师自身的教育机智和教学经验有密切关系。

2. 师幼互动中教师在"班级管理(CO)"方面整体处于中间水平

在"班级管理(CO)"这一维度上的平均得分整体表现为中等水平。这一大的维度下包括"行为管理(BM)""产出性(PD)"和"教育学习安排(ILF)"三个方面的内容。在这三个方面内容中,"行为管理(BM)"上的平均得分最高,"教育学习安排(ILF)"的平均得分最低。

"行为管理(BM)"包括教师能提供清晰的行为期望的能力以及使用有效的方法来防止和修正儿童行为的能力,根据对文字记录进行的分析,绝大多数教师都能在活动前对儿童提出较为明确的规则要求,但在行为的前瞻性方面却表现不足,如"有时监控和对行为问题的苗头做出反应,但是有时忽略或者忽视行为问题";在纠正不当行为方面,多数教师都能及时制止儿童不当行为的继续,但是根据课堂互动评估系统(CLASS)的要求,这并不是教师在行为管理上的高级水平,即多数教师并没有通过关注积极行为和使用微妙暗示来有效地纠正不当行为,这就可能导致该维度得分趋于中等水平。

在"产出性(PD)"方面,多数教师也是能够保证儿童学习时间的最

---

① KAGAN D M,SMITH K E. Beliefs and behaviors of kindergarten teachers[J]. Educational research,1988,30(1):26-35.

大化,即教师为儿童绝大多数的时间都安排了活动,但有时在处理干扰事件和完成管理任务时浪费了学习时间,同时由于本研究观察对象为中班教师,因此班级常规都基本处于良好的水平。但在过渡方面,许多教师的观察记录都可以归纳为"过渡有时太长、太频繁,或无效"。在活动准备方面,教师在多数情况下能准备好活动,但是有时会与教学无关,用这些时间来做其他的准备。

在"教育学习安排(ILF)"方面,主要是关注教师如何最大限度地利用儿童的兴趣,让儿童最大限度地参与和让儿童从课程或活动中获得最多的学习,具体包括:是否使用更容易学习的有效方法;教学的形式和材料是否具有多样性;儿童的兴趣如何;学习目标是否澄清;等等。根据观察记录的资料来看,多数教师能够做到积极地设计活动和课程以使其更简单、更便于儿童学习以及拓展其参与度,教师能使用不同的形式和材料以提高幼儿对活动或课程的兴趣和参与度。研究者认为,在这一维度上,各个幼儿园常会有相应的教学计划安排,教学计划也往往已经预设或由集体研讨、准备,且该方面,不要求过多地教学知识经验,因此,绝大多数教师能够遵循课程安排实施,总体上可以达到基本水平。但是这种情况也可能受研究形式本身的影响,即本研究采取现场观察,虽然强调是自然状态下的观察,但多数教师都会或多或少地感到紧张,因而会做较多的准备,使整体趋于中等水平,但尽管有这种因素的存在,不同的教师背景因素下,教师之间还是存在一定的差异的,这在对师幼互动影响因素的分析中会做进一步探讨。

3. 师幼互动中教师在"教育支持(IS)"方面平均得分最低

在这一维度上的教师平均得分在三大维度中最低。这一研究结果也与皮雅塔等人有关幼儿园班级师幼互动的研究结果基本一致:在美国的6个洲40所幼儿园中的测查结果显示,教师在"教育支持(IS)"方面的平均分也在2~3之间。[①]"教育支持(IS)"包括"认知发展(CD)""反馈质量(QF)""语言示范(LM)"等方面的内容,主要是关注教师实施课程

---

① LA PARO K M, PIANTA R C, STUHIMAN M. The classroom assessment scoring system: findings from the prekindergarten year[J]. Elementary school journal, 2004, 104(5): 409 – 426.

的方式，以及这些课程是否被教师用于有效地支持儿童认知和语言发展。调查对象总体上在"认知发展（CD）"上的平均得分最低，其次是"反馈质量（QF）"。

"认知发展（CD）"主要是评估教师怎么使用教育讨论或活动，促进儿童高级思考技能的发展，而非关注机械教育。这是调查对象整体水平最低的一个维度。在对调查对象的观察记录中，多数教师在这一维度的分析与推理方面都表现为"教师偶尔使用可以鼓励学生分析和推理的讨论和活动"，如"教师很少让孩子创造、整合""教师主要是重复，儿童思考的机会较少"等等，更有教师的观察记录为"没有观察到"。在创造方面，多数教师都很少为儿童提供可以创造或产生自己想法和作品的机会，也存在部分"没有观察到"的现象。在融会贯通方面，教师基本可以做到将知识点和活动相联系，也将先前的知识点相联系，如"与儿童一起讨论昨天学过的数数方法"等。在与现实生活联系方面，多数教师会尝试将知识点和学生的现实生活相联系，如"在学习圆的课上，教师与儿童先一起找一找教室里或生活中哪些东西是圆的……"可见，在"认知发展（CD）"方面，教师总体水平较低主要是指分析与推理和创造两个方面，这可能与教师自身的教育敏感性以及知识储备和教学能力有紧密的关系，同时这也表明教师很少会拓展儿童的讨论，很少鼓励儿童假设、推测或者进行更高级的思考，在这些方面，教师还有待于进一步的提高。

"反馈质量（QF）"是评估教师怎么通过对儿童的观点、评论和操作的反馈来拓展儿童的学习的。在"支架"方面，根据对观察记录的归纳发现，多数教师很少为儿童提供支架，否定儿童做出的不正确的反应或行为，或者忽略儿童在理解过程中的错误。根据研究者的观察，有一部分教师在集体教学中常急于将知识灌输给儿童，而对于班级某些儿童的提问直接忽视，如在对 H 教师进行访谈时，她就提道："××上课时经常自己提出一些问题，都挺奇怪的，我从来都不回答他，就是要忽略他，他才能不乱喊影响其他小朋友！"另外，还有教师常常只是简单地回答儿童的提问或是帮助儿童完成任务，并没有根据儿童的最近发展区进行启发，这也就导致多数教师有反馈但质量不高——仅仅只是简单的回应。在"反馈回路"上，仅有少数教师可以做到师幼之间有较高频率的反馈回路，多数教师与儿童的对话常常只有一个反馈回路或是敷衍式的反馈，如教师可能给儿童很多反馈，但只是集中于回答"是"或者"不是"、"对"或者"不对"，这就很难激发儿童的进一步发问或者质疑，从而在无形中减少了儿童更多的思考和提供反馈的机会。在"提高思考过程"上，教师很少对儿童质疑，或者要求儿童说一说他们的思考过程。当儿童给出了一个不正确的回答后，教师只是简单地继续上课而没有停下来帮助儿童思考她的回答或者把她的思考过程解释给其他儿童听。当然，这是一个需要大量时间和耐心的互动内容，多数教师都期望儿童能按部就班地完成某一知识或技能的学习，而且要以多数儿童的需求为主，这就使得教师在这方面的预设较少，因而整体上呈现的是较低的水平。在"提供信息"和"鼓励"方面，多数教师基本上都可以提供额外的信息以拓展儿童的学习，并予以鼓励以提高儿童的参与度和坚持性。

"语言示范（LM）"主要评估教师使用语言刺激和语言标识技术的质量和数量。其中包括"频繁交流""开放性问题""重复和延伸""自我以及平行式交谈""高级语言"等方面。在"频繁交流"和"重复和延伸"方面，多数教师都能达到中等水平，即教师与儿童之间有较多的语言交流，有时会通过重复儿童的话语或者提供更多的信息或者语言等方式，对儿童的回答表示认可；但有时教师却忽视了这些评论。在"开放性问题"上，多数教师有时会使用更为复杂的语言向儿童提问；但是大部分的问题是封闭性的并且只需要简短地回答是、否，对、错等即可。在"自我以及平行式交谈"的观察记录中，较多出现的是教师描述儿童的行为，如"小雨，我看到你在串珠子，你是一红一绿那样串的。"在"高级语言"方面，多数教师能够在活动中使用一定的形容词、介词或者对儿童而言是新的词语，但是也有一些教师很少使用高级语言，如在对L教师进行访谈时，她就谈道："工作时间久了，思维都有些幼儿化了，常常会忘记用一些成语或者形容词，有时候也怕他们听不懂，还要再解释……"可见，其中还是存在一定的差异。

（二）幼儿园半日活动中教师在师幼互动的各方面上表现的相关性

师幼互动包含了丰富的内容，从课堂互动评估系统（CLASS）来看，其中主要评估的是三方面的内容，即教师为儿童提供的情感支持、课堂的组织管理以及教师为儿童提供的教学支持，所以本研究采用皮尔逊相关来探讨 CLASS 评估体系中三大维度以及 10 个子维度之间的关系。

1. 情感支持（ES）、班级管理（CO）和教育支持（IS）之间的相关性分析

在 CLASS 的三大维度评估内容的关系中，"情感支持（ES）"和"班级管理（CO）"之间表现为极强相关，"情感支持（ES）"和"教育支持（IS）"之间表现为强相关，"班级管理（CO）"和"教育支持（IS）"之间也表现为强相关。可见，幼儿园中班级的环境氛围与教师在师幼互动的班级管理和教学支持方面的关系非常密切，三部分之间相辅相成、互相作用。正如在对 J 教师访谈时，她所提到："有时候，用大声的命令式的语言与幼儿交流反倒没什么效果；相反，作为大班的孩子，我尝试用商量的语气，真诚地与小朋友交流，结果不但自己轻松了，孩子们也变得很讲道理！这样心平气和地来工作，与幼儿的互动变得很轻松，他们也更喜欢和我一起讨论了。这就促使我会经常反思怎么做才能更好地和他们互动，怎样才能达到最好的教学效果……"可见，当教师为儿童提供了更为宽松的环境，就更有利于激发儿童参与班级活动的兴趣，就会使师幼间互动的机会增多，更有利于师幼之间形成积极的关系，教师也会受这种积极关系的影响，在班级的管理中采取较为平和的方式，同时教学中也可能会花更多的心思来预设或者与儿童之间进行更多的语言交流；同时，当教师在班级管理和教学方面与儿童互动时，就做得比较得当，互动水平高，反过来儿童的表现也会令教师满意，彼此间的关系变得更加融洽，这样也会促进良好班级氛围的进一步形成。

另外，"班级管理（CO）"和"教学支持（IS）"上的强相关性，可以解释为当班级儿童行为比较规范时，教师不用耗费大量的时间维持秩序，自然教学时师幼互动的机会大大增加，如对 L 教师半日活动时的一段观察记录："通过今天的观察和拍摄，我发现班级的常规对师幼互动的顺

畅进行也存在影响,在某些时候 L 教师一直忙于规范幼儿的常规行为,无形中会失去一些与幼儿互动交流的机会,或是打断她正在与某一幼儿的交流……"由此可见,师幼互动中教师在三方面的表现都非常重要,任何一个方面的缺失都可能导致师幼互动质量下降。

2. 师幼互动中教师在 10 个子维度上表现的相关性分析

聚焦在师幼互动的具体方面,10 个子维度上都存在着强相关。皮雅塔等人的研究结果也显示,在 CLASS 的各个维度上存在着强相关,尤其是在"积极氛围(PC)"和"教师敏感性(TS)"上,"教育学习安排(ILF)"和"产出性(PD)"之间也存在极强相关。[①] 在本研究中,"反馈质量(QF)"与"语言示范(LM)"之间表现为极强相关,而"教师敏感性(TS)"与"反馈质量(QF)"之间、"认知发展(CD)"与"反馈质量(QF)"之间以及"产出性(PD)"与"教育学习安排(ILF)"之间也都表现为极强相关。

"反馈质量(QF)"和"语言示范(LM)"之间之所以存在着极强相关,是由于二者均属于"教育支持(IS)"这一大维度下,教师在与儿童的互动中,对儿童进行的反馈,多数需要以语言为中介。可见教师的语言技巧对儿童的反馈有着十分重要的作用,而"语言示范(LM)"也正是评估教师与儿童在进行语言交流方面的重要指标,由此二者之间的密切关系也就不言而喻了。

"教师敏感性(TS)"和"反馈质量(QF)"之间的极强相关,体现的则是教师在互动中的敏感性直接关系到与儿童进行互动的机会和反馈的回路,如针对调查对象中的 Y 教师有这样一段日志记录:"Y 教师与小朋友之间的师幼关系还算不错,但是并不能表明师幼互动的质量就很高,Y 教师与幼儿之间的对话并不显得'轻松',似乎都是一些讲道理的话语,和幼儿之间有对话,但是多是回答正确与否,或者纠正孩子的说法,很少有启发性的提问或追问,通常只有一个反馈回路,'教育支持(IS)'的行为不是特别令人满意,整个感觉就是 Y 教师一直在有意识地尽快完成每一

[①] LA PARO K M,PIANTA R C,STUHIMAN M. The classroom assessment scoring system:Findings from the prekindergarten year[J]. Elementary school journal,2004,104(5):409-426.

项活动,但是能抓住的'互动点'又不多,忽略了很多互动时机……"Y教师的敏感性不强,就很少会抓住互动时机,同时和儿童之间启发性的对话也不多,两者之间的相关性由此便可体现出来。

"认知发展(CD)"和"反馈质量(QF)"之间的也存在着极强相关。"认知发展(CD)"主要是评估教师怎么使用教育讨论或活动促进儿童高级思考技能的发展,而非关注机械教育,而教师对儿童的反馈中常常会体现出教师的语言机智,即教师是否在把握儿童最近发展区的情况下对儿童进行启发式的回应,以促进儿童更进一步的思考,反馈质量越高,则促进儿童认知发展的概率就越大。

"产出性(PD)"与"教育学习安排(ILF)"之间也表现为极强相关。这与皮雅塔等人的研究结果相吻合。在"产出性(PD)"方面,通过前面的研究揭示,多数教师也是能够保证儿童学习时间最大化,即教师为儿童的绝大多数的时间安排了活动,可见教师对于教学的安排是否充足与其对儿童提供的学习时间有着密切的相关,教师的活动前准备充足,则在活动中能有更多的机会指导、启发儿童。

(三)不同类型活动中师幼互动的分析

活动类型是师幼互动的隐性成分,但其对师幼互动的影响却是十分直接和明显的。总体来说,活动类型影响师幼互动发生的频率、性质和师幼互动的主题。不同的活动类型会对教师和儿童的心理产生影响,使得双方在情境的限定下,更多以自身认为适合该活动类型的方式进行交往和相互影响,从而对师幼互动的各方面产生影响。

1. 教学活动中的师幼互动

教学活动是幼儿园基本活动之一,关系到儿童认知的正常发展,也关系到每个教师自身的专业提升。集体教学活动是有组织、有内容的教育教学活动,在集体教学活动中,教师与儿童有着大量的互动。有研究者指出,在教育活动中,无论是教师还是儿童,均具有更为明确的教育和受教育的意识,且多注重行为的教育作用和对他人的影响。因而无论是发起互动行为还是反馈行为的性质都相对积极。[①] 在实际观察中，研究者也发现，多数的集体教学活动中，教师互动内容多以知识传递、情感表达为主，从互动对象上来看，多数情况还是属于师班互动。在 CLASS 的得分统计中，调查对象整体上在教学活动情境下的得分都高于其他各类活动，由此可见，教师在教学活动中的互动水平较高，这与教学活动情境的特点有一定的关系。集体教学活动中，教师的"积极氛围（PC）"得分最高，而在"教师敏感性（TS）"和"认知发展（CD）"上得分偏低，属于中等水平。对此，有研究指出，在教育活动中，教师发起的互动是以提问或让儿童演示、约束纪律、指导或帮助居多，要求、提醒或指令、询问和评价次之。[②] 这说明在集体教学活动中，教师与儿童互动的主题紧紧围绕教育内容而展开，教师发起的互动还以知识传递为主，但是从整体上来看，教师敏感性不是很高，在促进儿童认知发展上，有待于进一步提高。研究者认为，一方面，有待于教师自身经验的积累、反思以及专业素养的提升；另一方面，在教学活动中，多数情况下是师班互动，且由于师幼比例较低，为了照顾到多数儿童，教师可能会或多或少地忽视某些与儿童互动的机会。

2. 区角活动中的师幼互动

区角活动常常是教师根据儿童兴趣以及教学需要来投放材料，儿童在其中主动探索、发现。一般分为美工区、科学区、建构区、角色游戏区等等，在幼儿园一日活动中占有十分重要的地位。区角活动多数情况下应是儿童主导的活动。在区角活动中，教师的活动应该是以把握儿童的活动状态和要求为主，适时地启发儿童探索，或者参与儿童的活动。在区角活动中，教师整体得分略低于教学活动的情境，虽然区角活动中氛围比较轻松，教师与儿童的互动机会较多，但是似乎多数互动没有实际意义，效果不够理想。有研究指出，在区角活动中，更多的是师组互动和师个互动，[③]这就需要教师在区角活动中，让儿童在多样化探索、多途径表现的过程中

---

① 庞丽娟. 教师与儿童发展[M]. 2版. 北京：北京师范大学出版社，2003：185.
② 庞丽娟. 教师与儿童发展[M]. 2版. 北京：北京师范大学出版社，2003：177.
③ 黄娟娟. 幼儿园半日活动中师幼互动类型及成因的社会学研究[J]. 上海教育科研，2009（2）：43－46.

进行发现、想象和创造，能够根据儿童的个体差异进行有效的互动。就CLASS得分统计来看，教师整体在"积极氛围（PC）"上都处于中等偏高的水平，平均分略低于教学活动，但在"认知发展（CD）"和"语言示范（LM）"的维度上，总体水平偏低。有研究也曾发现，教师在区角活动中，以询问为内容的互动质量是比较低的，[①] 这与本研究的结果基本一致，这与教师自身的工作态度以及专业水平有较为密切的关系。而研究者也曾在观察中发现，很多教师虽然与儿童有较多的互动，但是互动质量并不高，在与儿童对话的过程中并没有启发性的提问或者追问，常常只是在表扬或者泛泛地问"你在玩什么呢？"有时当儿童有困难时，还会直接替代儿童去完成。此外，还有一部分教师在儿童进行区角活动的时候，更多的时候是让自己放松、休息或者做其他的事情，他们都将区角活动当成自己放松或准备其他环节活动完成教学任务的过渡时间，因而较少与儿童进行互动。因此，在区角活动中，师个互动的发生频率虽然较高，但是质量却不高。

3. 运动中的师幼互动

运动是儿童一日活动中的重要内容，常常是在户外进行，也包括早操等环节，教师在这一情境下更多的是进行师班互动。在CLASS得分统计中，教师在"教育支持（IS）"这一大的维度上整体水平较低，尤其是在"认知发展（CD）"方面。这与运动活动本身的特点有较大关系，在运动活动中，多数情况下儿童都是沉浸在自己的活动中，或更多是和同伴进行互动，和教师进行对话交流的机会相对较少，而"认知发展（CD）"主要是评估教师怎么使用教育讨论或活动，促进儿童高级思考技能的发展，因此，运动情境中这一维度上的总体得分较低。在教育现场的观察中，研究者也发现许多教师出于对儿童安全的考虑，行为管理和提出指令是最常发生的互动主题，而在教育支持方面的互动内容则相对较少。由此可见，不同类型的活动会对师幼互动主题产生较大的影响。

---

① 庞丽娟.教师与儿童发展[M].2版.北京:北京师范大学出版社,2003:178.

4. 生活活动中的师幼互动

生活活动中，教师与儿童之间的互动是以生活照顾以及情感安慰为主，与教学活动、区角活动、运动活动相比，生活活动中教师在"教育支持（IS）"方面互动的内容明显减少，整体水平最低，与其他活动情境中的师幼互动水平存在较大的差异。究其原因，就在于受生活活动内容的影响——生活活动就是以照顾儿童生活为主，在观察中也发现，儿童在生活活动的环节发起的互动内容多是"教师，我想上厕所""教师，我吃饱了"等等，而教师发起的互动主题多是指令以及有关行为管理方面的要求或者提醒，其他方面的互动内容不多，由此反映出的是，教师对生活环节中师幼互动的教育性价值认识和重视不足。

（四）不同组织形式活动中的师幼互动分析

本研究将幼儿园的半日活动的活动形式分为集体、小组和个人时间，也就是按照教师互动的行为对象进行分类。不同的活动形式对师幼互动的内容、互动机会以及性质都有一定的影响。不同的互动对象也会影响师幼互动双方的心理及互动的方式。

1. 集体活动中的师幼互动

在观察到的 644 个活动中，集体活动最多。这说明在幼儿园中多数情况下教师与儿童进行的是群体互动。在集体活动中，师幼间的互动往往属于师班互动，教师行为是指向全班儿童的。从统计结果来看，在集体活动的形式中教师进行师幼互动的水平仅次于个人时间的活动形式。也就是说，教师进行师班互动的水平低于师个互动。在集体的活动中，"认知发展（CD）"的维度平均分最低，因为教师在师班互动中要顾及多数儿童的发展水平，很难聚焦到某个儿童，因此在有效提问或启发思维方面就显得比较薄弱。同时，在这种集体活动的形式下，儿童在师幼互动中处于比较被动的地位，互动的有效性还有待加强。

2. 小组活动中的师幼互动

随着教育改革的不断深入，又由于我国幼儿园师幼比例较低，教师们越来越意识到小组群体的重要性，常常会以小组为单位开展教学或者游戏活动，师幼互动也以师组互动为主要形式。但统计结果中观察到的小组活动有 120 个,所占比例不足 20%,这说明师组互动在半日活动中虽已引起教师的关注,但并未成为主导的互动形式。研究结果同时显示,小组的活动形式中教师与儿童互动的水平明显低于集体和个人时间,尤其是在"认知发展(CD)"方面,平均得分最低,这说明教师在师组互动的形式上,对儿童启发、引导的能力还比较弱,互动策略还有待进一步提高。有研究提出,师组互动是在幼幼互动基础上,与教师发生互动,其较单个儿童直接与教师发生的互动,水平更高,[①]自然对教师的要求也比较高。因此,在今后的师幼互动中,教师应当充分重视小组活动,引导帮助儿童建立具有实际意义的功能小组,增加师组互动的机会。

3. 个人时间中的师幼互动

本研究中的"个人时间"是指教师与儿童一对一进行互动,也就是所谓的师个互动。在观察的 644 段活动中仅有 102 段"个人时间"状态下的互动,这说明在当前的幼儿园中教师与儿童一对一的互动发生得较少,这可能是与师幼比例低以及教师的活动安排有关。一般来说,师个互动常发生在区角活动或运动中,正如在不同类型的活动中所分析的,一部分教师会在这些活动时间进行自我放松,忽视互动机会;还有教师仅限于类似"你在玩什么"这种表面上的问答而并非互动,但是有少数教师则会把握住这一与儿童单独互动的机会,在仔细观察的基础上给儿童以启发。教师在与个别儿童发生交互作用时,能更好地倾听儿童,给儿童表达的机会,与儿童一起探索并分享相互的情感等,这也就解释了研究结果中虽然个人时间这种形式的活动数量不多,但是互动的质量比较高的现象。

第三节 教师背景因素对师幼互动的影响

一、研究目的

根据上述研究结果的分析可以看出,在当前幼儿园半日活动中师幼互

---

① 黄娟娟.幼儿园半日活动中师幼互动类型及成因的社会学研究[J].上海教育科研,2009(2):43-46.

动的基本水平还不高,特别是在教育支持方面,要进一步提高师幼互动的水平,就必须进一步探究与其相关的其他影响因素。教师的专业性是保证学前教育质量的基本前提,从内部因素和外部因素两方面入手,探寻教师背景因素与师幼互动之间的关系,正是本研究的目的追寻。

二、研究对象与方法

本研究中样本教师的基本信息包括姓名、年龄、教龄、学历、专业、毕业院校、职称、园所级别等,样本中的161名教师均为女性,平均年龄约为35岁,变动范围在21岁~53岁之间,平均教龄13年,范围在1个月~34年之间(如表3-3-1所示)。

表3-3-1 161名教师的年龄及教龄分布情况

类别	平均值	范围
年龄(年)	35.0	21.31~53.35
教龄(月)	160.15(约13年)	1~408

样本教师的学历涵盖4种类型——大专学历、本科在读(接受继续教育、非全日制本科)、本科学历、研究生学历,其中,专科学历占38.5%,本科在读学历占5.6%,本科学历占54.7%,硕士学历占1.2%。

表3-3-2 样本教师的学历和职称分布情况

统计项目		人数/人	百分比/%
学历	专科及本科在读	71	44.1
	本科及以上	90	55.9
职称	无职称	29	18.0
	幼二/小二	4	2.5
	幼一/小一	54	33.5
	幼高/小高	72	44.7
	中高	2	1.2

样本教师的职称类别共有5种,包括无职称、幼教二级/小教二级、

幼教一级/小教一级、幼教高级/小教高级、中教高级。具体的分布如表3-3-2所示，其中18%的教师暂无职称，2.5%的教师职称为幼教二级或小教二级，33.5%的教师职称为幼教一级或小教一级，44.7%的教师职称为幼教高级或小教高级，1.2%的教师职称为中教高级。

（二）研究工具

1. 问卷调查

采用问卷收集教师的背景信息，包括学历、年龄、教龄、职称、所在园所级别等背景信息。在正式进行基于课堂互动评估系统（CLASS）进行观察之前，发放给样本教师进行填写。

2. 课堂互动评估系统（CLASS）

具体的观察程序如第三章第一节所述。

（三）研究程序

主要采用问卷调查法收集教师的背景信息，以课堂互动评估系统（CLASS）作为研究工具，共取得有效教师样本161人，观察单644份，通过描述统计、独立样本t检验、单因素方差分析等统计方法将得来的结果进行分析。基于CLASS得分选取161位教师中得分最高的3位教师和得分最低的3位教师进行半结构性访谈，主要围绕教师对师幼互动的看法和理解及自身因素对师幼互动的影响等问题展开。

三、研究结果

（一）教龄

为了解样本教师的教龄对其师幼互动水平的影响，研究者将教龄划分为1~5年、5~15年、15年以上三组，作为自变量，分别以积极氛围（PC）、消极氛围（NC）、教师敏感性（TS）、尊重幼儿观点（RSP）、行为管理（BM）、产出性（PD）、教育学习安排（ILF）、认知发展（CD）、反馈质量（QF）、语言示范（LM）等10个子维度作为因变量，对其进行单因素方差分析，具体结果如表3-3-3所示。

表3-3-3 教师数龄在师幼互动水平上的差异情形

(n=161)

维度	教龄	人数	平均数	标准差	F	p
积极氛围 (PC)	1~5年	53	5.36	1.19	0.67	0.52
	5~15年	39	5.56	0.98		
	15年以上	69	5.32	0.96		
消极氛围 (NC)	1~5年	53	1.52	1.11	2.19	0.12
	5~15年	39	1.13	0.29		
	15年以上	69	1.38	0.91		
教师敏感性 (TS)	1~5年	53	4.10	1.36	1.26	0.29
	5~15年	39	4.51	1.12		
	15年以上	69	4.24	1.13		
尊重幼儿观点 (RSP)	1~5年	53	4.45	1.30	0.26	0.77
	5~15年	39	4.60	1.00		
	15年以上	69	4.57	1.01		
行为管理 (BM)	1~5年	53	4.62	1.29	1.42	0.25
	5~15年	39	4.99	0.94		
	15年以上	69	4.79	0.92		
产出性 (PD)	1~5年	53	4.33	1.34	3.53	0.03
	5~15年	39	4.96	0.82		
	15年以上	69	4.58	1.05		
教育学习安排 (ILF)	1~5年	53	4.39	1.30	1.10	0.34
	5~15年	39	4.72	1.00		
	15年以上	69	4.45	1.07		

续表

维度	教龄	人数	平均数	标准差	F	p
认知发展（CD）	1~5 年	53	3.47	1.41	1.68	0.19
	5~15 年	39	3.93	1.09		
	15 年以上	69	3.60	1.12		
反馈质量（QF）	1~5 年	53	3.74	1.49	1.64	0.20
	5~15 年	39	4.21	1.29		
	15 年以上	69	4.05	1.16		
语言示范（LM）	1~5 年	53	3.93	1.30	1.00	0.37
	5~15 年	39	4.28	1.16		
	15 年以上	69	4.14	1.09		

根据统计结果，教师教龄在CLASS师幼互动评估的各个方面中，仅在"产出性（PD）"方面有显著的差异（$F=3.53$，$p<0.05$），1~5年教龄的教师明显低于5~10年教龄的教师，这表明新教师在该方面的能力还有待加强，但在其他维度上却没有发现显著差异。当然，从上表结果也可以看出，教龄处于5~15年这一组的教师，在10个维度上的平均得分最高，其次是教龄15年以上的组，最后是1~5年的组。由此可见，教师并不是简单地随着教龄增长师幼互动水平就会有所提升的。这与国外已有的研究结果相一致，其中的原因，将在本研究的第五章进行讨论。

（二）职称

对样本教师的职称信息进行整理，将其依次划分为无职称、幼儿园一级教师、幼儿园高级教师/小学高级教师、中学高级职称等4种类型。由于有中学高级职称的教师只有2名，样本量较小，因此将其划入幼高/小高中。为了解不同职称的幼儿园教师在其师幼互动的不同维度上是否存在差异，研究者将职称作为自变量，将调查对象划分成无职称、幼一、幼高/小高等3组，分别以课堂互动评估系统（CLASS）中的"情感支持（ES）""班级管理（CO）"和"教育支持（IS）"的得分作为因变量，进行单因素方差分析,结果如表3-3-4所示。

表3-3-4 教师职称在CLASS三大维度上的差异情形

(n=161)

维度	职称	人数	平均数	F	P
情感支持(ES)	无	33	4.91	2.50	0.09
	幼一	54	5.31		
	幼高/小高	74	5.26		
班级管理(CO)	无	33	4.09	6.50	0.00**
	幼一	54	4.85		
	幼高/小高	74	4.69		
教育支持(IS)	无	33	3.43	3.71	0.03*
	幼一	54	4.04		
	幼高/小高	74	4.03		

注:*$P<0.05$,**$P<0.01$。

根据统计结果可知,职称对"情感支持(ES)""班级管理(CO)"和"教育支持(IS)"这三大维度上的师幼互动水平的影响有所差异。没有职称的教师在师幼互动的三大方面中的平均分明显低于幼一、幼高/小高职称的教师,其中,在"情感支持(ES)"这一维度上,差异没有达到显著水平($F=2.50$, $p>0.05$);在"班级管理(CO)"这一维度上,差异达到极其显著水平($F=6.50$, $p<0.01$);在"教育支持(IS)"这一维度,也存在显著差异($F=3.71$, $p<0.05$)。这表明,职称对幼儿园教师在师幼互动过程中班级管理以及教育支持方面的水平有显著影响。据此,将职称作为自变量,将"班级管理(CO)""教育支持(IS)"这两大维度下的6个子维度,即"行为管理(BM)""产出性(PD)""教育学习安排(ILF)""认知发展(CD)""反馈质量(QF)""语言示范(LM)"等作为因变量,进一步探讨职称在师幼互动的这6个方面的差异。

表3-3-5 教师职称在师幼互动中班级管理和教育支持下部分子维度的差异

($n=161$)

子维度	职称	人数	平均数	F	p
行为管理（BM）	无	33	4.31	4.47	0.01
	幼一	54	4.97		
	幼高/小高	74	4.86		
产出性（PD）	无	33	3.92	8.92	0.00
	幼一	54	4.90		
	幼高/小高	74	4.67		
教育学习安排（ILF）	无	33	4.04	3.64	0.03
	幼一	54	4.68		
	幼高/小高	74	4.56		
认知发展（CD）	无	33	3.13	4.21	0.02
	幼一	54	3.89		
	幼高/小高	74	3.68		
反馈质量（QF）	无	33	3.38	4.79	0.01
	幼一	54	4.07		
	幼高/小高	74	4.19		
语言示范（LM）	无	33	3.78	1.69	0.19
	幼一	54	4.13		
	幼高/小高	74	4.23		

根据统计结果可知，教师职称对在"行为管理（BM）""产出性（PD）""教育学习安排（ILF）""认知发展（CD）""反馈质量（QF）"这5个小维度上的师幼互动水平的影响存在显著差异。其中，在"行为管理（BM）"这一维度上，差异达到显著水平（$F=4.47$，$p<0.05$）；在

"产出性（PD）"这一维度上，差异达到极其显著水平（$F=8.92$, $p<0.01$）；在"教育学习安排（ILF）"这一维度上，差异达到显著水平（$F=3.64$, $p<0.05$）；在"认知发展（CD）"这一维度上，差异达到显著水平（$F=4.21$, $p<0.05$）；在"反馈质量（QF）"这一维度上，差异达到极其显著水平（$F=4.79$, $p\leq0.01$）；而在"语言示范（LM）"这一维度上不存在差异。这表明职称对幼儿园教师在师幼互动过程中的"行为管理（BM）""产出性（PD）""教育学习安排（ILF）""认知发展（CD）""反馈质量（QF）"等师幼互动的方面都有显著影响。

（三）学历

进一步分析样本教师的学历对师幼互动水平的影响，研究者将学历为大专或本科在读的划分为一组，学历为本科或硕士的划分为一组，作为自变量，分别以调查对象整体师幼互动中的"积极氛围（PC）""消极氛围（NC）""教师敏感性（TS）""尊重幼儿观点（RSP）""行为管理（BM）""产出性（PD）""教育学习安排（ILF）""认知发展（CD）""反馈质量（QF）""语言示范（LM）"等10个子维度的得分作为因变量，对其进行独立样本的 t 检验，具体结果如表3-3-6所示。

表3-3-6 教师学历在师幼互动各子维度上的差异情形

($n=161$)

子维度	学历	人数	平均数	标准差	t	p
积极氛围（PC）	专科/本科在读	72	5.18	1.14	-2.36	0.19
	本科及以上	89	5.56	0.93		
消极氛围（NC）	专科/本科在读	72	1.38	0.92	0.09	0.72
	本科及以上	89	1.36	0.87		
教师敏感性（TS）	专科/本科在读	72	4.04	1.23	-2.12	0.94
	本科及以上	89	4.44	1.17		
尊重幼儿观点（RSP）	专科/本科在读	72	4.31	1.23	-2.41	0.03
	本科及以上	89	4.72	0.96		

续表

子维度	学历	人数	平均数	标准差	t	p
行为管理（BM）	专科/本科在读	72	4.64	1.14	-1.57	0.55
	本科及以上	89	4.90	0.99		
产出性（PD）	专科/本科在读	72	4.42	1.24	-1.70	0.06
	本科及以上	89	4.72	1.00		
教育学习安排（ILF）	专科/本科在读	72	4.24	1.24	-2.58	0.03
	本科及以上	89	4.70	1.00		
认知发展（CD）	专科/本科在读	72	3.45	1.26	-1.70	0.43
	本科及以上	89	3.78	1.17		
反馈质量（QF）	专科/本科在读	72	3.78	1.37	-1.83	0.23
	本科及以上	89	4.15	1.24		
语言示范（LM）	专科/本科在读	72	4.05	1.17	-0.57	0.69
	本科及以上	89	4.15	1.19		

从平均分来看，学历低的专科教师在10个子维度上的平均得分均低于学历高的教师。对于这一现象，研究者将在部分展开更深入的探讨。根据统计结果可知，学历对教师师幼互动中10个子维度上的显著影响仅体现在"尊重幼儿观点（RSP）""教育学习安排（ILF）"两个维度上。在"尊重幼儿观点（RSP）"和"教育学习安排（ILF）"维度上，差异均达到显著水平（$p<0.05$）。这说明在师幼互动过程中的"尊重幼儿观点（RSP）""教育学习安排（ILF）"这两个方面教师的学历背景产生了影响。

（四）教师所在园所级别

将样本教师所在园所级别（示范园、一级园、二级园）作为自变量，分别以调查对象整体师幼互动中的"积极氛围（PC）""消极氛围（NC）""教师敏感性（TS）""尊重幼儿观点（RSP）""行为管理（BM）""产出性（PD）""教育学习安排（ILF）""认知发展（CD）""反馈质量（QF）""语言示范（LM）"等10个子维度的得分作为因变量，对其进行单因素方差分析，具体结果如表3-3-7所示。

表3-3-7 不同园所级别的教师在师幼互动各子维度上的差异情形

($n=161$)

子维度	园所级别	人数	平均数	F	P
积极氛围(PC)	示范园	56	5.71	6.07	0.00
	一级园	60	5.39		
	二级园	45	5.01		
消极氛围(NC)	示范园	56	1.20	2.28	0.11
	一级园	60	1.37		
	二级园	45	1.58		
教师敏感性(TS)	示范园	56	4.57	6.30	0.00
	一级园	60	4.35		
	二级园	45	3.76		
尊重幼儿观点(RSP)	示范园	56	4.75	4.43	0.01
	一级园	60	4.64		
	二级园	45	4.13		
行为管理(BM)	示范园	56	5.04	6.24	0.00
	一级园	60	4.88		
	二级园	45	4.34		
产出性(PD)	示范园	56	4.88	6.18	0.00
	一级园	60	4.67		
	二级园	45	4.13		
教育学习安排(ILF)	示范园	56	4.83	7.99	0.00
	一级园	60	4.58		
	二级园	45	3.97		

续表

子维度	园所级别	人数	平均数	F	P
认知发展(CD)	示范园	56	3.93	8.78	0.00
	一级园	60	3.82		
	二级园	45	3.02		
反馈质量(QF)	示范园	56	4.39	8.33	0.00
	一级园	60	4.06		
	二级园	45	3.38		
语言示范(LM)	示范园	56	4.44	5.95	0.00
	一级园	60	4.13		
	二级园	45	3.65		

统计结果显示，教师所在的不同园所的级别对师幼互动中10个子维度上的得分均存在极其显著性差异。示范园的教师在CLASS评估的得分明显高于一级园和二级园的教师，二级园的教师在其他各方面的平均得分最低，在"消极氛围（NC）"方面的平均得分却较高。根据单因素方差分析的统计结果可知，园所级别对教师在师幼互动中10个子维度上的得分，均存在一定的影响，不同园所级别的教师在这些方面均存在极其显著的差异（$p \leqslant 0.01$）。分析原因，一方面，是由于本研究采用现场观察评分，可能受观察者的主观评断影响；另一方面，也说明不同的园所级别，幼儿园的工作理念、环境氛围等都对幼儿园半日活动中师幼互动有一定的影响。对于这一结果，研究者将在后续部分展开更为深入的探讨。

四、讨论

（一）教师背景信息对师幼互动的质量有一定的影响

1. 在"情感支持（ES）"这一大维度上调查对象的水平相对集中

根据统计结果，在"情感支持（ES）"这一大维度上标准差最小，可见教师在这一维度上的得分比较集中。在本研究中调查对象的样本具有多样性，在教龄、职称、所在园所级别、学历上都有差异，但是在"情感支持（ES）"上的差异却是三大维度中最小的。研究者认为，这可能与学前教育阶段的特点有关，《幼儿园教育指导纲要（试行）》指出："幼儿园教育应尊重幼儿的人格和权利，尊重幼儿身心发展的规律和学习特点，以游戏为基本活动，保教并重，关注个别差异，促进每个幼儿富有个性的发展。"这一基本原则被贯穿于幼教工作的内容与节奏中，从而使得幼儿园中的师幼互动不同于其他教育阶段的师生互动那样严肃、正规，同时出于幼儿教师专业素养的要求以及教育对象的特殊性，绝大多数情况下教师都能富有热情和爱心地对待幼儿，真诚地与幼儿交流。因此，无论是何种教育背景下的教师，在这一维度上的表现都能够达到基本的水平。

2. 不同背景的教师在"班级管理（CO）"方面存在显著差异

"班级管理（CO）"中包含的各个小维度在教师职称、学历、教师所在园所级别上均存在明显差异，尤其是在教师职称上，三大维度中仅"班级管理（CO）"的得分上存在显著差异。根据调查对象的背景信息，教师的职称被划分成无职称、幼一、幼高/小高等3组，幼一组的得分高于幼高/小高组，可见，并非教师职称越高，其在班级管理方面的互动能力就越强。对此，皮雅塔指出，经验相对较丰富的教师看起来与儿童之间的互动要少一些，而年轻的缺乏经验的教师则与儿童之间有着更多的互动，这可能是因为与经验丰富的教师相比，年轻教师与儿童之间更容易出现消极的情感互动，教师对这类消极情感互动的破坏性比较敏感，因此，他们才会尝试与儿童进行更多的互动。[1] 研究者认为，可能是由于幼高组的教师中多数进入职业倦怠期，在行为管理方面习惯于正面指责，教学活动准备上有所松懈，正如对J教师的访谈，她曾说："几年前我曾出现过严重的职业倦怠，一进幼儿园就觉得特别吵，干什么都不太愿意花心思，对孩子的不当行为就是大声制止……但经过慢慢地调整，我的心态已经完全转变了……"可见，在一定的年龄阶段或职业发展阶段，教师的职业倦怠会严重影响其工作的积极性。而幼一组的教师年龄较轻，还处于职业上升期，因此在工作中可能会更富有热情，积极性比较高。

---

[1] 皮雅塔,涂阳慧.师幼互动研究[J].幼儿教育导读（教育科学版）,2009(6):9-11.

在学历的背景信息中,"班级管理(CO)"中仅"教育学习安排(ILF)"上教师的差异比较显著。根据周欣的研究发现,教师所具备的学前教育专业学历越高,其与儿童相互作用的质量就越高,和儿童之间语言的交流就越多,对儿童表现出更多的关注和更和善的态度,较少采用惩罚和严厉批评的手段。[①] 在本研究中,本科及以上学历的教师明显比专科及本科在读的教师班级管理(CO)水平高,这可能是由于学历高的教师在接受专业学习时获得的专业知识和技能教法更加丰富。当然,这只是试探性的原因分析,还有待更进一步的验证。

园所级别对教师在"班级管理(CO)"方面的互动能力也存在着一定的影响。这可能与不同级别的幼儿园园长的领导风格、工作氛围以及园所的软硬件设施有关,正如访谈中多位教师所提道:"幼儿园的工作环境很重要,领导的理念和风格对我们的影响很大,由此也就很自然地会影响到师幼互动的形式。"可见,外界某些客观因素在一定程度上也会对师幼互动产生影响。

3. 不同背景的教师在"教育支持(IS)"上存在较大差异

统计结果显示,在"教育支持(IS)"这一维度上的标准差最大,可见教师在这一维度上的得分离散程度较大。这表明,"教育支持(IS)"方面师幼互动中教师的水平差异较大。同时也说明,教师在"教育支持(IS)"方面的互动能力最能体现其师幼互动的水平。这一大维度上包含有丰富的评估内容,各项内容对于教师来说都极具挑战性,大多都属于比较隐性的能力,很难通过学习或者培训来提高,而是需要积累丰富的工作经验,细致、深入地观察儿童,同时不断地反思和总结,以提高自身的教学机智和敏感性,动态地把握幼儿的发展,从而增加师幼间互动的机会。

(二)影响师幼互动的其他因素

根据上述研究结果分析可以看出,在当前幼儿园半日活动中师幼互动的水平还不高,要进一步提高师幼互动的水平就必须探究其影响因素。根据量化研究的结果以及教师访谈,本研究从内部因素和外部因素两个方面

---

① 周欣. 托幼机构教育质量的内涵及其对儿童发展的影响[J]. 学前教育研究,2003(7/8):34-38.

入手,来探寻影响师幼互动的可能性因素。

1. 教师主观方面的因素

(1) 教师的专业素养

20世纪80年代中后期以来,教师及其自身的专业素质已逐渐成为教育研究者关注的热点问题。教育发展的关键是教师,教师自身素质是主导因素。有学者指出,教师自身素质的全面提高是保证儿童素质全面发展的基本前提,也是实现优质教育的必要条件。[①] 因此,在本研究中,不管是量化研究的结果还是针对教师的访谈都显示出教师专业素养对师幼互动存在一定的影响。

国内外研究者都曾对教师素质的内涵进行了一定的研究,如林崇德等人对教师素质的定义,教师素质应至少包括职业理想、知识水平、教育观念、监控能力和教学行为等方面,其中,职业理想(事业心、责任感和积极性)是教师献身教育工作的根本动力,知识水平(包括本体性知识、实践性知识和条件性知识)是教师从事教育工作的前提条件,教育观念(包括教学效能感)是教师从事教育工作的心理背景,监控能力是教师从事教育教学活动的核心要素和调控机制,而教学行为则是教师素质的外化形式,5种因素相互影响、相互作用。[②] 据此,本研究依据该定义,聚焦于教师的职业理想、知识水平、教育观念和监控能力4个方面展开讨论。

首先是职业理想方面。这里谈到的教师职业理想,主要包括事业心、责任感和积极性,这是教师从事教育工作的根本动力。在量化研究的部分,研究结果显示,教龄较长的教师在师幼互动的某些方面,反而比教龄短的教师表现得差,通过深入观察和访谈发现,这与教师的事业心和工作积极性有着较密切的关系。有些教师对事业充满热情,表现出高度的工作积极性,这就促使其在工作中不断地总结和反思,从而在有效提高自己工作能力的同时,也更好地促进了儿童的发展。如访谈中J教师就谈道:"作为教师,一定要多多反思,没有反思就没有专业上的成长,在每次观

---

① 庞丽娟. 教师与儿童发展[M]. 北京:北京师范大学出版社,2003:204.
② 林崇德,申继亮,辛涛. 教师素质的构成及其培养途径[J]. 中国教育学刊,1996(6):16-22.

摩过一些名师讲课之后，我都有很深的感触！那就是我能从中学到些什么，怎样才能更好地运用到我的教学中，而这是需要不断总结的。"对此，就有研究表明，教师的反省能力对师幼关系有重大的影响，如果教师能够考虑到幼儿园内方方面面对儿童发展的意义，那么教师就会对他们采取一些积极的支持性行为，会与儿童形成和谐的师幼关系；相反则不然。[1] 观察中也发现，有些教龄长的教师职业生涯大半时间已经度过，工作的动力明显不足，常常会产生职业倦怠，如访谈中 H 教师就说道："我过两年就要退休了，最近身体状况也明显不如以前了，我不喜欢教室很吵闹，所以我都会很严格地要求他们遵守纪律，保持安静……"这样在一日的工作中就极有可能因为伴随着消极的情绪而忽视幼儿的主体性，从而势必会影响到教学工作，影响到师幼间的互动和师幼关系的正常发展。

其次是知识水平方面。根据本研究量化部分的统计结果显示，教师的教龄、职称、学历对教师的师幼互动行为具有一定的影响。在教龄方面，根据统计结果，教师的职称在"产出性（PD）"方面的差异比较明显，教龄在15年以上的教师明显低于5~15年教龄的教师，而5~15年的教师水平最高。这说明师幼互动水平并不是随着教师教龄的增长而提升的，而是存在阶段性的。国外学者的研究也发现，经验相对丰富的教师与儿童之间的互动看起来要少一些，而年轻的、缺乏经验的教师与儿童之间则有着更多的互动，原因可能在于经验丰富的教师更容易出现消极的情感互动。一般说来，教师对消极情感互动的破坏性比较敏感，因此他们会尝试与儿童之间进行更多的互动以试图与儿童之间建立更积极的关系。[2] 职称方面，根据统计结果，教师的职称不同，师幼互动行为在"班级管理（CO）"方面的差异也就比较明显。一般而言，教师的职称越高，其在"班级管理（CO）"方面的师幼互动能力就越强。职称的高低在一定程度上显示了教师工作能力的高低：职称高的教师积累了更多的实践性知识和经验，教育的敏感性和应变能力也较高，就更容易抓住师幼互动的机会，有效地进行

---

[1] HAO Y. Relationship between teachers' use of reflection and other selected variables and preschool teacher's engagement in developmentally appropriate practice[R]. ERIC Database PS 450881,2000:13.

[2] 皮雅塔,涂阳慧. 师幼互动研究[J]. 幼儿教育导读(教育科学版),2009(6):9-11.

互动。学历方面，本科及以上学历的教师在师幼互动的"尊重幼儿观点（RSP）"和"教育学习安排（ILF）"方面的能力明显高于专科或本科在读的教师。有学者指出，教师所具备的学前教育专业学历越高，其师幼互动的质量就越高，和儿童之间的语言交流就可能越多，同时对儿童表现出更多的关注和更和善的态度，较少采用惩罚和严厉批评手段。[1] 学历较高的教师，在自身的专业学习中有机会接触到更多的学科知识，积累更多的本体性知识和条件性知识，这就为教学工作奠定了良好的基础，而"尊重幼儿观点（RSP）"和"教育学习安排（ILF）"两个子维度正是对教师本体性知识和条件性知识的考察，可见知识水平对教师师幼互动能力有较大的影响。

再次是教育观念方面。教育观念是教师进行教育的内在依据和基础，但它并不直接作用于儿童，而是通过教育行为这一中介影响和作用于儿童，因此，师幼互动中的行为也正是教师教育观念的体现。在实际观察中，研究者也发现，有些教师在与部分儿童，特别是自己不喜欢的儿童互动时，频次较少，且总是以教师为中心，以比较消极的行为和情感为主，这种个人主义倾向的互动正是教师落后、陈旧的教育观念在实践中的具体体现。如果教师的儿童观、教育观和发展观落后，就会忽视儿童的主体地位，不能够很好地把握儿童发展的特点，也就不会根据儿童身心发展的特点以及已有的经验、兴趣、需要来设计活动，从而造成师幼互动中一切都是由教师掌控，儿童只是被动接受的局面。可见，教师的教育观念在一定程度上会影响师幼互动的发生机会以及有效性。

最后是监控能力方面。教学监控能力影响着教师对教育活动和教育行为的认知与调控，同时也影响着教育的效果，进而作用于教师自我效能感的发展。实地观察也发现，正是由于具备必要的教育监控能力，对其实施的活动全过程进行有效的监控和调节，教师才能善于计划、反馈和调节自己的活动过程，灵活地运用各种教育方法和策略，协调好教育活动中各个因素的关系，而这也正是有效互动的前提；及时发现问题并做出相应的调

---

[1] 周欣. 托幼机构教育质量的内涵及其对儿童发展的影响[J]. 学前教育研究,2003(7/8):34-38.

整，就可以减少教育活动中的盲目性和错误率，从而，就有更多的机会和儿童来进行互动，使教学过程达到最优化，最终实现有效地促进儿童发展的目的。有些教师虽然与儿童进行的交流比较多，但却由于缺乏互动经验或能力，而没有体现出互动的实质性和有效性。可见，良好的教学监控能力对教师的师幼互动能力也有着间接的影响。

（2）教师的性格特点

人的性格千差万别，不同的性格特点对人际交往以及人际关系的形成有着一定的影响，作为教师也不例外，其性格特点也必然对师幼交往以及师幼关系的发展产生较大的影响。性格开朗、活泼的教师会更容易与儿童亲近，与儿童交往时会较多地产生积极的情感回应，这就会使儿童感到轻松，更乐于与教师分享交流，从而增加了互动的机会。如观察对象中的 J 教师常常面带笑容地与孩子交流，连班里的另一位教师以及保育员都说到她是一个很热情、开朗的人，很有亲和力，同时也观察到儿童常常喜欢拉着她的手和她说话，她也很乐意与和孩子们分享交流，班级的氛围很融洽。可见，教师的性格特点也会影响到师幼间交往氛围、互动机会以及师幼关系。

（3）教师期望

教师对于儿童行为表现的期望在一定程度上也会影响到师幼互动的质量。很多教师会对不同的儿童表现出不同的期望，而这种期望有些过高，有些过低，在不同程度上都关系到教师对其师幼互动行为的调控。如观察中发现，很多教师在教学或游戏过程中常常会采用提问的方式与儿童进行交流，但是互动中的教师在很多时候并不关注儿童的具体情况以及儿童间存在的差异，不希望儿童的想法与自己预计的答案有出入，可见其预先赋予儿童的期望与现实之间存在一定的差距，这就导致幼儿常常处于被动状态，互动交流仅流于表面，使师幼互动失去应有的实际功能。

2. 儿童自身的因素

师幼互动是以教师和儿童为主体的、双向的交流，互动中离不开任何一方，因此，师幼互动也常常会受到来自儿童自身因素的影响。

（1）儿童的自身特征

儿童的气质类型、性别、认知发展等对师幼关系及师幼互动都有很大影响。费恩等人的研究表明,儿童气质类型会直接影响师幼互动的情况。性格活泼开朗且行为积极的儿童可能会受到教师更多地反馈与关注,而性格比较内向、不爱表现的儿童得到的反馈和关注就比较少。[①] 在观察中也发现,害羞的儿童常常很少发起互动,同时对教师发起的互动接受的积极性也不高。当然,教师对这类儿童的关注也比较少。另外,还有的教师明显地表现出与比较顽皮的儿童互动次数相对较多的情况,这主要是由于所谓顽皮的儿童更容易出现纪律问题,这样就会引起教师多次关注,互动机会自然就增多了,如 J 教师提道:"阳阳,他很调皮,上课经常扰乱纪律,我就让他坐在我旁边,提问的时候就多叫叫他,他的注意力集中的时间就会长一些……"可见,儿童的不同性格特征也会影响到师幼互动发生的概率以及互动的质量。

(2) 儿童的行为表现

儿童自身的行为表现也常常会成为影响师幼互动的重要因素:一方面儿童可能是互动行为的发起者,另一方面儿童也会是互动行为的接受者,其不同的表现都会影响到教师接下来的行为,甚至影响到互动的质量。访谈中,Y 教师讲道:"孩子提出的问题和一些突发事件常常会影响到我们之间的互动,比如集体教学中某个孩子出现的反常反应或者注意力不集中,就会打断我正常的教学或者互动安排,影响到互动的流畅性。"有时教师会积极地发起互动,但是某些儿童却没有表现出积极的回应或者回应不及时,这也会导致互动的机会减少、质量降低。许多教师常常喜欢在教学中提问一些积极回答问题的儿童,和他们的对话交流次数也明显较多,这说明这些语言和认知能力表现较好的儿童也更容易与教师产生互动。某些情况下,自理能力不强的儿童也会得到较多的被关注的机会,接受更多的来自教师发起的互动,虽然多数情况下产生的是消极的互动,但是互动机会相反却增加了。

3. 其他的客观因素

除了来自教师及儿童的影响因素外,师幼互动也会受到其他客观因素

---

① FEIN G G, GARIBOLDI A, BONI R. The adjustment of infants and toddlers to groupcare: The first six months[J]. Early childhood research quarterly, 1993, 8(1):1-14.

的影响。人类发展生态学家布朗芬布伦纳认为:"有机体与其所处的即时环境相互适应过程受各种环境之间的相互关系以及这些环境赖以存在的更大环境的影响。"① 由于环境有其影响作用,并需要与发展主体相互适应,因此,人与环境之间的相互作用过程是双向的,呈现一种互动的关系。在师幼互动的探讨中,我们必然要考虑到作为师幼互动主体的教师和儿童所处的生态系统中各系统对其的影响。研究者根据文献综述以及观察和访谈大致将影响师幼互动的客观因素归纳为幼儿园环境、幼儿园教师的职业特点、家长因素等三个方面,下面将进行深入讨论。

(1) 幼儿园环境

本研究第四章的统计结果表明,教师所在的园所级别在其师幼互动水平上存在显著性差异,可见教师所在的不同幼儿园对其在师幼互动方面有着重要的影响。布朗芬布伦纳认为:"外系统是指发展的人虽然并没有参与,但却影响或受其中所发生的一切影响的一个或多个环境"②。人虽然没有直接地加入外系统,但是它们却在潜移默化地影响着人的发展。

首先,幼儿园的软硬件设施会影响到师幼互动。从幼儿园的角度考虑,师资水平影响到教师的活动范围、处事方式、承担的社会角色以及所建立的人际关系,从而影响到教师的儿童观、教育观、教学方法、角色感以及事业心,访谈中,两位来自二级园的教师就多次提道:"我们幼儿园班级空间比较小,硬件设施比较弱,每次进行区角活动时都要重新摆放桌椅,无形中就浪费了很多游戏的时间和互动的机会……"同时,幼儿园所在的社区在同行中的地位,也会间接影响教师对待幼儿的态度、情感和方式,如根据量化统计结果,二级园的教师在这些方面的互动水平明显较低;幼儿园所在社区的文化水平、经济状况以及社区中人们交往的方式、习惯也会潜移默化地影响幼儿的知识范围、言语方式和交往特点等。

其次,班级的师幼比例也会在一定程度上影响师幼互动。班级容量也是影响师幼互动的一个因素,当班级容量较大时,教师就会经常组织集体活动或小组活动,这会在很大程度上影响师幼互动发生的频率。而且,在

---

① BRONFENBRENNER U. The ecology of human development[M]. Cambridge, MA.: Harvard University Press,1979:21.

② BRONFENBRENNER U. The ecology of human development[M]. Cambridge, MA.: Harvard University Press,1979:25.

儿童人数较多的班级中，教师常会降低与儿童互动的热情，容易出现负面的情绪，使互动质量和频率下降，而这都不利于儿童社会性的发展。[①] 在观察中，研究者多次发现，在许多示范园中集体教学时常常分为两组进行小班教学，这样就增大了师幼比例，教师平均关注到每个儿童的机会就增多了，更有利于教师与儿童进行互动，同时教师能更细致地观察到多数儿童的表现，保障了互动的质量。而在一些幼儿园中，教师仍是大班教学，常常是1:30的师幼比，教师只能顾及班级的整体水平，后排的儿童无形中失去了很多参与互动的机会，注意力也会变得不集中，从而影响了学习的效果。

最后，幼儿园园长的领导风格也会影响到师幼间的互动。有研究者指出，园长自身的素质和管理能力是影响师幼互动差异的重要原因之一。[②] 作为园长，要能够以身作则、一视同仁，公平地对待每位教师和儿童，在幼儿园建立有效的管理机制，保证教师有尽可能多的时间和精力与每个儿童进行互动，同时建立合理的评价机制和监督体制，使教师尽可能做到公平地对待每个儿童。访谈中，J教师谈道："幼儿园的工作环境很重要，领导的理念和风格对教师自身也有很大的影响，这就很自然地会影响到教师自身的教育理念，也可能会影响到师幼互动。我们园长的理念一直很新，不会在班级常规等方面要求很严，就是要让孩子能轻松地成长，同时，她提供给我们教师学习的机会也很多，很多方面都能促进我进行不断的反思和总结，这些都能使我在工作中能更好地发挥，与儿童建立更亲密的关系。"可见，幼儿园园长的领导风格及理念也会间接地影响到师幼间的互动。

（2）家长的因素

根据布朗芬布伦纳的对外系统理论，从家庭方面考虑，父母的职业状况、社会地位、经济收入和受教育水平等状况，决定了父母所承担的角

[①] CLAWSON M A. Contributions of regulatable quality and teacher-child interaction to children's attachment security with day care teachers[C]//Paper presented to the 62nd Biennial Conference of the Society for Research in Child Development. Washington DC,1997.

[②] 王文乔.教育机会均等视野下师幼互动研究：以上海市A幼儿园中班为个案[D].重庆：西南大学,2008.

色、所从事的活动和所建立的人际关系，从而间接地影响了他们抚养子女的方式、对待子女的态度和教育子女的方法。教师对儿童的教育态度，也会深受家长对其子女的教育观念的影响。在访谈中，多位教师都提到幼儿家长有时会对他们的工作给予一定的评价，有正面的，也有负面的，这就或多或少地会影响到他们工作的积极性。另外，家长的教育观念落实到儿童身上，使儿童会出现不同的行为表现，这就会影响教师对儿童的评价，从而影响师幼间互动的方式或频率。

(3) 幼儿园教师的职业特点

作为幼儿园教师，因为教育对象是年幼、稚嫩的孩子，幼儿园教师在工作实践中投入的情感色彩相比于中学、小学、大学教师来说都要浓厚，儿童对教师所持有的情感依恋也比其他年龄段的孩子更强烈，同时，儿童的自理能力还比较弱，教师要在工作中花更多的时间照顾儿童的生活，种种细小、琐碎的内容使得幼儿园教师的工作更辛苦。有研究指出，幼儿园教师这个职业令相当数量的从业者们都感到压力、疲惫，并由此而滋生出了对这份职业的倦怠。[1] 这种职业特点极容易造成教师工作中的负面情绪。另外，现在的幼儿园教师也常常肩负着繁重的文案工作，这在一定程度上也会影响她们与孩子活动时间和精力的投入，从而间接地导致了师幼互动频率和质量的下降。目前，普通的一个幼儿班级中，两个教师要面对的是25~30个儿童，教师每天提问、应答，与几十个儿童的互动也实在不是一件简单的工作，而且还要负责整个班级教养活动的准备与组织以及幼儿园的其他工作，常常显得心有余而力不足，所以实际的工作中教师便会建构起一种能够快速、简捷地达到自己目的的互动方式与过程，而对于儿童新奇的发现、探索的迷惑、提出的疑问，也只能以"啊""是吗""好"等来回答，有时儿童的满腔热情得到的常常是教师毫无表情的回应。教师处在这样的工作压力下，即使有很多理想的工作方法，也往往会被无情的现实所改变。访谈中，L教师就谈道："我们常常要做很多文案工作，负担很重，和孩子在一起很开心，但是如果有这些任务在，就感到不轻松，就

---

[1] 刘晶波.社会学视野下的师幼互动行为研究:我在幼儿园里看到了什么[M].南京:南京师范大学出版社,2006:296.

会影响我的工作情绪和效率，总会急于先完成这些任务，必然会影响我的教学安排，和孩子一起活动的时间也会减少……"可见，幼儿园教师的职业特点在无形中关系到教师的工作态度以及教育安排，从而影响着师幼互动的过程。

第四章 高质量师幼互动的实践特征

基于对幼儿园半日活动中师幼互动情况的量化分析，我们对当前幼儿园半日活动中师幼互动的现状以及影响师幼互动行为的部分因素有了一定的了解。但是，出于教育研究本身应具有较强的实践性与应用性，本研究对于当前幼儿园半日活动中的师幼互动的研究也并非仅限于这两方面表层内容的分析，也希望能够对幼儿园半日活动中不同情境下的师幼互动行为、高质量师幼互动的特点以及师幼互动的过程等方面进行更深入的探讨。为此，本章将根据研究者现场记录到的6位教师（根据对161位教师的CLASS观察单得分统计，抽取4名得分较高的教师和2名得分较低的教师）的半日活动中的师幼互动资料，同时穿插研究者对这6名教师的正式与非正式访谈所获得的相关资料，对半日活动中的师幼互动行为进行定性分析，借以对幼儿园半日活动中的师幼互动行为与过程做出较为细致的描述与归纳。

第一节 取样与聚焦

一、研究对象的选取

根据CLASS观察单的得分统计，研究者从161位教师中分别挑选出25位在各维度上得分较高和得分较低的教师作为个案观察对象的候选人，分别和这些教师取得联系后，说明研究的目的和大致过程，经过不断的沟通和协调，最终挑选出6位愿意配合的教师作为深入观察及访谈的研究对象。根据CLASS观察单的10个维度的得分等级，研究者选取4名CLASS得分较高的教师，即这4位教师的CLASS观察单中10个维度的得分均在5

分以上［除个别维度的整体得分较低外，如"认知发展（CD）"］，属于高级水平；另外，还选取了 2 名 CLASS 得分较低的教师，即这 2 位教师的 CLASS 观察单中 10 个维度的得分均在 3 分以下［除个别维度的整体得分较高外，如"积极氛围（PC）"］，属于低级水平。4 名得分较高的教师中有 3 名教师来自示范园，1 名教师来自一级园；2 名得分较低的教师均属于一级园，具体信息如表 4-1-1 所示。

表 4-1-1　二次观察的样本教师的基本信息

类型	教师	教龄	职称	学历	园所级别
高分教师	F 教师	14 年	幼高	本科	示范园
	C 教师	23 年	幼高	本科	示范园
	Y 教师	17 年	幼高	本科	示范园
	J 教师	13 年	幼一	专科	一级园
低分教师	L 教师	23 年	幼高	本科	一级园
	H 教师	30 年	幼高	专科	一级园

二、研究的聚焦

基于课堂互动评估系统（CLASS）的量化分析结果，研究者选取了 6 名被试教师作为再次观察的对象，本次观察与第一次的 CLASS 观察单记录不同，主要是追踪式的、在自然状态下的观察，研究者借助摄像机，在更好地追踪记录教室里发生的一切的同时，对教师的师幼互动行为也进行了更为微观的分析。研究者分别对每位教师共进行了 3 次观察。为了让教师和孩子能够习惯于镜头和研究者的存在，保证研究者捕捉到的是自然状态下的师幼互动，把首次观察拍摄的互动作为教师和儿童熟悉观察过程的试验，不做后续的分析。每次观察和拍摄从早晨 8 点开始，直到幼儿园午饭时间结束，随后对被记录教师进行正式及非正式的访谈，同时撰写相关的研究日记。观察对象选取 4 名得分较高的教师以及 2 名得分较低的教师，在分析讨论中将选取 2 名高得分的教师（F 教师、J 教师）和 2 位低得分的教师（L 教师、H 教师）进行对比分析；同时，把另外两位得分较高的教师的观察资料作为补充信息，采用时间与事件取样相结合的方法，以教学活动、区角活动、生活活动、运动活动等作为取样单位，观察和记录在这一时间段内发生的师幼互动行为事件，同时结合相关文献资料拟定分析框架，从而分析归纳出幼儿园半日活动中不同活动情境下高质量师幼互动的特点。

根据对文献资料归纳，学者们对师幼互动的内容进行过不同的分类，如克劳森将师幼互动的内容划分为照料、说明、对话、社会支持、游戏、控制等6个类别；[1] 皮安塔将班级师幼互动的内容划分为情感支持、班级管理和教育支持三大类别；[2] 我国学者刘晶波将师幼互动行为的主题类别划分为两类：一类是由教师作为施动者确定的互动行为事件的主题，另一类是由儿童作为施动者确定的互动行为事件的主题，其中由教师确定的行为事件主题有9种，其中包括：指导活动、纪律约束、照顾生活、抚慰情绪、提问、共同游戏、表达情感、询问、让儿童帮助做事。[3] 庞丽娟指出，当教师是师幼互动的发起人时，师幼互动的内容包括：要求、指令或提醒，纪律约束，询问，生活照顾，指导或帮助，提问或让儿童演示，评价，安慰、抚慰或表示关心，与儿童共同游戏或交流，解决矛盾，让儿童帮忙做事等。[4] 黄娟娟指出，幼儿园半日活动中的师幼互动内容也是复杂多样的，既有教师对儿童的知识传递、情感教育、行为指导、规则培养、生活能力培养等，也有儿童向教师提出问题、发表观点和看法、寻求指导与帮助等。[5]

根据以上所述，结合课堂互动评估系统（CLASS）的各维度资料以及在幼儿园的实地观察，研究者按照活动类型和情境，在对高、低质量师幼互动的现场观察和录像以及对师幼互动的主要指向行为做了全面分析后，

---

[1] CLAWSON M A. Contributions of regulatable quality and teacher-child interaction to children's attachment security with day care teachers[C]//Paper presented to the 62nd Biennial Conference of the Society for Research in Child Development. Washington DC,1997.

[2] PIANTA R C, LAPARO K M, HAMRE B K. Classroom assessment scoring system (CLASS) manual, pre-K[M]. Baltimore: Brookes, 2008:16.

[3] 刘晶波. 师幼互动行为研究：我在幼儿园里看到了什么[M]. 南京：南京师范大学出版社，2006：68.

[4] 庞丽娟. 教师与儿童发展[M]. 2版. 北京：北京师范大学出版社，2003：175.

[5] 黄娟娟. 师幼互动类型及成因的社会学分析研究：基于上海50所幼儿园活动中师幼互动的观察分析[J]. 教育研究，2009,30(7):81-86.

将师幼互动的主题概括为以下几个方面（如表4-1-2）。

表4-1-2　师幼互动的主题划分

互动主题	定义	示例
生活护理	在幼儿园的半日活动中，幼儿常会出现很多生理、卫生、安全等方面的情况，教师作为幼儿园中幼儿的主要负责人，会在这些情况下与幼儿开启互动	如，C教师会主动拿纸巾帮助幼儿擦鼻涕；户外活动时，F教师会帮助幼儿衬好擦汗毛巾
指导说明	教师对幼儿进行的知识、技能的传递，或是为帮助幼儿达到教学或游戏、生活中某一目标而提供的信息、建议，或是为幼儿的进一步探索和学习提供信息和支架	如，F教师为幼儿示范如何编新疆帽上的小辫子；L教师在角色游戏时为幼儿讲解银行里存折的使用方法
对话交流	这里主要包括教师在某一活动中针对某一话题对幼儿进行的提问、询问或者反馈等语言交流，或是教师表达观点或发起讨论	如，F教师在一节主题为"旅游"的课上问幼儿："出去旅游我们都应该带上哪些生活必需品呢"；J教师与幼儿讨论关于"影子"的话题时问："什么时候我们会看到影子呢？什么情况下就看不到影子呢？"
共同活动	在区域互动或者角色游戏、户外活动时，教师不带有教育目的地参与或融入幼儿的活动中，或是教师鼓励幼儿进行合作，分享游戏的快乐	如，J教师在角色游戏中扮演病人，并向幼儿扮演的医生求助："请问我的嗓子有点不舒服，该吃什么药呢？"再如，拉拉在区角操作材料时遇到困难，F教师说："欢欢昨天做过这个，你可以试试找她帮帮忙。"
行为管理	教师为了使班级常规运转良好，并在最大程度上组织活动和对幼儿进行指导，保证时间尽可能地开展学习活动，常会对幼儿进行纪律约束，或是对幼儿进行规则培养，对幼儿的某些行为进行有效的监管、制止和纠正	如，J教师对班级的一位经常扰乱秩序的幼儿说："请你坐好，不要打扰其他小朋友听讲。"再如，一些惩罚或言语恐吓等等

续表

互动主题	定义	示例
情感表达	教师面对幼儿产生情绪、情感，并将这种情感呈现出来，不涉及指导的行为或者对幼儿的行为管理，这些情感可能是积极的，也有可能是消极的	积极的：如，F教师对于区角活动中认真操作的幼儿会及时地表扬，"你真棒，教师喜欢你认真的样子。" 消极的：如，L教师时常用眼睛瞪班里一位调皮的幼儿

第二节 聚焦不同主题下的高质量师幼互动

互动内容是师幼互动的重要方面，师幼互动的内容会影响互动双方行为的方式、性质乃至互动的效果，因而对师幼互动过程具有不可忽视的影响。[①] 要深入分析高质量师幼互动的特点，就必须从师幼互动的内容或行为事件入手进行研究和探讨。此外，互动情境也是影响师幼互动的一个重要因素。情境不同，师幼互动的内容也会大不相同，特定的情境限定性是互动的显著特征之一。因此，研究者将以幼儿园半日活动中的不同情境为背景，立足于师幼互动的不同主题，对教师发起互动的内容进行深入分析，以揭示由教师发起的互动行为事件中高质量师幼互动的特点。

一、师幼互动中知识与技能的传递——指导说明、交流对话

儿童的学习活动是幼儿园半日活动中的主要内容之一，常发生在集体教学活动和区角活动中。集体教学活动是有组织、有内容的教育教学活动，在集体教学活动中，教师与儿童有着大量的互动，互动内容也极其丰富，如语言互动、眼神交流、动作交流等等。此外，在集体教学过程中，教师与儿童的互动多以师班互动为主；若是小班教学，则以师组互动为主；而区角活动中则多数是以师个活动为主。[②] 在多数的集体教学中，教

[①] 庞丽娟.教师与儿童发展[M].2版.北京:北京师范大学出版社,2003:174.
[②] 黄娟娟.师幼互动类型及成因的社会学分析研究:基于上海50所幼儿园活动中师幼互动的观察分析[J].教育研究,2009,30(7):81-86.

师互动内容多以知识传递、情感表达为主，研究者从生活护理、指导说明、对话交流、共同活动、行为管理、情感表达等方面入手，截取4位教师在集体教学活动和区角活动中的师幼互动行为事件进行对比统计，结果发现，在集体教学活动中，6种师幼互动行为事件中出现最多的是"指导说明"这一项，约占互动事件总体的25%；其次是"对话交流"，约占互动事件总体的22%。低分样本的L教师和H教师关于行为管理主题的互动较多，大约是高分样本教师的2倍。高、低质量师幼互动中教师互动行为事件的数量差异不大。在区角活动中，6种师幼互动行为事件中出现最多的是"指导说明"这一项，约占互动事件总体的27%；其次是"对话交流"，约占互动事件总体的24%。低分样本的L教师和H教师关于行为管理主题的互动较多，高质量互动和低质量互动中教师的互动行为事件差异较大。下面就以集体活动和区角活动中不同教师与儿童进行互动过程中有关知识、技能传授时产生的指导说明以及对话的互动行为事件为例进行分析说明。

作为成人社会介入儿童成长过程的使者，幼儿园教师所要担负的责任从宏观上可以概括为对幼儿实施教育和保育两个方面——即"观察了解幼儿，依据国家规定的幼儿园课程标准，结合本班幼儿的具体情况，制定和执行教育工作计划，完成教育任务"和"严格执行幼儿园安全、卫生保健工作"。[1] 现在的幼儿园中实行的都是"两教一保"的配班原则，因此教师作为教育者的职责更为突出。教师在儿童的学习活动中肩负着知识、技能传递的主要任务，兼顾激发儿童探索的兴趣，为儿童的探索和学习提供信息和支架，所以从上述的统计可以看出，在学习活动中教师发挥教育者的职责，进行师幼互动最多的行为事件就是指导说明和对话交流。

指导说明，是指教师对幼儿进行的知识、技能的传递，或是为帮助幼儿达到教学或游戏、生活中某一目标而提供的信息、建议，或是为幼儿的进一步探索和学习提供信息和支架。而对话交流，又是幼儿园学习活动中必然发生的师幼互动行为事件，教师在某一活动中针对某一话题对幼儿进行的提问、询问或者反馈等语言交流，或是教师表达观点或发起讨论。这

---

[1] 幼儿园工作规程[J].幼儿教育,1996(Z1):18-21.

些互动行为事件中，教师和儿童往往是非对称相倚型的互动模式，也就是说，在互动行为进行的过程中，互动行为主体中有一方是根据自己的计划发出施动行为或是反馈行为，而另一方也是以对方的计划作为自己行为的根据；互动行为本身只不过是主导互动的一方达到自己行为目的、完成自己计划的一个过程；根据自己计划实施行为的一方行为主体对互动行为过程事先有比较充分的准备，能够引导和控制互动的发展方向及速度，而另一方主体似乎对互动本身并没有明确的计划，在互动的过程中处于被支配、被引导的地位。[①] 根据对样本教师的观察，在"指导说明"主题的师幼互动过程中，教师一般都是进行普遍性的师班互动，即对全体儿童进行知识、技能的讲解，然后通过提问、练习或观察等方式进行师个互动，逐步地了解每一个儿童的掌握情况，再根据不同儿童在学习上存在的具体问题，进行有效的指导。这样的师幼互动过程，对教师的要求是比较高的，首先作为教师必须有较为丰富的学科教学知识和经验来选择符合本班儿童年龄特点和水平的内容，并能自如应对儿童在学习过程中提出的种种问题，在教学中能针对儿童的最近发展区进行适时、适当的提问，同时还能关注到个体的差异，做到因材施教。在观察到的4位师幼互动质量较高的教师有明显的特点，就是她们有着丰富的教学经验，能凭借自己的经验很快找到指导儿童的切入点，并进行有效的提问，与儿童进行平等的对话交流，引导儿童进行下一步的探索。下面以F教师在一次区角活动中与儿童互动时的指导为例。

时间：10月13日 10：05　区角活动

地点：C幼儿园（大班）

F教师安排好班级的儿童去不同的区角完成之前没有完成的任务，所有的小朋友都开始认真地操作自己的选定的材料。F教师走到小宝面前，小宝正在用塑料积木拼搭机器人，他这些天一直在拼这个机器人，外形拼得很像，但是F教师一直鼓励他试一试让机器人变得灵活一点，并且可以站立起来，今天，F教师发现小宝拼的机器人肘部和膝盖部位多了一块积

---

① 刘晶波.师幼互动行为研究:我在幼儿园里看到了什么[M].南京:南京师范大学出版社,2006:220.

木,而且两排积木是上下错开连接的。"这两块积木为什么要放这里呢?"小宝答道:"这是为了防止它摔倒,保护它的;而且这样拼搭后,它的关节部位都能动了!"F教师:"它的关节都是指哪些地方呢?和我们人的哪些部位一样呢?"小宝开始在自己的身体上比划,随即F教师告诉了小宝胳膊上的这个关节叫"肘部",腿上的叫"膝盖",小宝马上反应过来,还有"手腕"也是关节……F教师夸赞小宝的机器人"每个关节会动就会变得很灵活了,那你的机器人能站起来吗?"这次小宝的机器人成功地站了起来,F教师马上鼓掌:"祝你成功了,你是用什么办法让他站起来的呢?"小宝指着机器人回答:"它上面的重心都集中在这里,这些都是连在这里的,这里就是重心区……"F教师:"我听到一个词叫重心,什么是重心呢?""我们人的重心就落在脚掌上了,重心落在手掌上就不行了……""那手掌能让人站住吗?""也可以,但是要经过特殊训练才可以"……F教师总结:"你的机器人现在可以站起来,是因为它的脚部的接触面变大了。之前你的机器人脚太小,上面太重就容易摔倒站不起来,现在你加了一块积木,接触面变大了,所以机器人就站起来了。"

从上面这个案例可以看出,F教师在儿童的区角活动中有很细致的观察和指导,在小宝成功拼出机器人后,她又鼓励小宝让机器人变得灵活并能站起来,这就为小宝下一步的探索和学习提供了支架,最终小宝通过不断的尝试获得了成功。在此过程中,F教师又引导小宝了解了"关节"和"重心"的概念,小宝既在游戏中进行了探索,又进一步了解了相关的知识概念。而反观L教师,她常常在区角活动中只是一声令下"请你们去区角完成自己没有做完的工作!"然后任小朋友自由活动,她便开始干自己的事情或是反复地维持秩序。以下节选的是一段关于L教师半日活动的记录:

时间:10月20日8:30~10:15

地点:Z幼儿园

L教师正带着幼儿做操,小朋友们的队伍站得不太整齐,做完操后回教室,教室空间也不大,小朋友们开始吃早点。早点是在两个班级公用的阳台上吃的。吃完点心后,小朋友拿出自己的玩具开始自由找座位玩,L教师在教室里转了转,然后就忙自己的事情,并没有什么互动,只是有一位小姑娘拿出了自己带的飞行棋玩，L教师指出这个玩具不适合带来幼儿园玩，让她收起来。在这段时间里，L教师和幼儿几乎没有互动。对此，我最大的感触就是，多数的互动还是应该由教师发起的，教师没有互动的意识，或者说对幼儿没有细心的观察，师幼双方就很难产生互动，因此，互动意识对于教师来说是十分重要的。幼儿大约自己玩了20分钟后，就要开始上课了。上课的内容是"做饮料"，起初小朋友对饮料粉有很浓厚的兴趣，但是L教师一直不让幼儿碰，她只是说了一句："一会儿要做饮料，要先舀一勺饮料粉，再倒入水，搅一搅。"但是多数幼儿似乎都没有认真听，有的幼儿还偷偷地用手指蘸着饮料粉品尝。后来很长一段时间幼儿都沉迷于互相品尝饮料。活动开始25分钟左右，L教师似乎觉得应该要结束活动了，于是举起两杯幼儿调的饮料，大声地说："为什么她的饮料颜色浅，她的饮料颜色深呢？"幼儿开始了一阵嘈杂的回答，L教师就直接总结："因为她的水放得多，她的饮料粉放得多，所以两杯饮料的颜色不一样深。"幼儿对于教师的总结并没有太大的反应，似乎也没有掌握，L教师在混乱中结束了这节活动，便立即让幼儿收拾桌椅准备开始角色游戏。

这是一段关于L教师在区角活动和集体活动中的观察记录，总的感觉是，在这个集体教学活动中，L教师没有澄清应该教的原理："相同的容器中同样多的饮料粉，放的水越多，饮料越淡。"L教师自己对于这个科学活动的核心概念并没有一个清晰的把握，没有对儿童进行有效的知识传递，教学中也没有适时地提问，儿童的常规做得并不是很好，课堂秩序比较混乱，影响正常的教学环节。

从这两段互动过程的事件记录可以看出，两位教师在区角活动中师幼互动的方式完全不同，F教师与儿童的互动属于平等—对话、引导—回应型，她总是用温和的口气和儿童进行商量、平等的对话，在对话中启发儿童，引导儿童进行探索。而L教师与儿童的互动则属于控制—服从型，儿童总是在L教师的命令中进行活动，几乎没有自主探索的机会，L教师也很少能给儿童在学习和探索中提供支架。F教师能在区角活动中仔细观察每一位儿童的操作情况，并适时地给予指导，或是根据儿童的已有水平提出适当的挑战，而且在知识的传递过程中能很清楚地澄清相关的概念。而

L教师在整个半日活动中，无论是在集体教学活动还是区角活动中，都是严格地按照时间的安排，到规定时间就立即进行下一项活动，儿童常处于类似于"赶场子"的状态，班级常规做得不是很好，上课时L教师总是在维持秩序，对于相关的知识概念，如"浓度"，L教师没有说得很清楚。

通过两段师幼互动过程的对比可以看出，在幼儿园一日活动中较好的班级常规是十分必要的，是教师正常进行课堂教学及其他活动的前提，同时在儿童的学习活动中无论是指导说明还是对话交流，教师是否良好地掌握相应学科关键经验都是其能否顺利实现教学目标的基础。教师的互动意识以及教师是否留心观察儿童的行为、亲密的师幼关系都是影响师幼双方互动的因素。

二、师幼互动中的情感交流与沟通——共同活动、情感表达

幼儿园半日活动中的区角活动、运动活动和生活活动中，就师幼互动行为对象的划分来看，运动活动中较多的是以师班活动为主，而在区角活动和生活活动中师班互动和师个互动比率相当。[①] 高质量的师幼互动要求教师能适时把握好进行师班互动或师个互动的时机，在师班互动过程中能把握儿童的普遍水平，进行普适教育，而在师个互动过程中，教师既要能抓住互动时机，同时还需要了解个别儿童的已有经验水平及最近发展区，促进其认知的发展，甚至还应当适时地转变自身的交流方式，针对个别儿童的性格特点或具体情况，进行平等的对话交流，以实现有效的互动。对4位教师在区角活动、运动活动和生活活动中不同的互动行为事件进行统计发现，在运动活动中师幼互动行为事件还是以"指导说明"为主，"生活护理"也比较多。如L教师和H教师与儿童的"对话交流"就比较少，而"行为管理"方面就比较多。在区角活动中，"对话交流"出现得比较多，而"共同活动"在区角活动中有明显的体现。总的来说，低分的教师参与的互动事件相对比较少，在"行为管理"方面的互动内容比较多。在生活活动中，以"生活护理"为主题的互动事件明显增多，其次是"行为

---

① 黄娟娟.幼儿园半日活动中师幼互动类型及成因的社会学研究[J].上海教育科研，2009(2):43-46.

管理"和"情感表达"。在这些非学习活动情境下高质量的师幼互动中出现师个互动的频次比较多，如 F 教师在一段运动活动中就出现过 14 次师个互动，但低质量的师幼互动几乎都是师班互动。另外，在高质量的师幼互动中，儿童发起的互动行为也比较多，如在 F 教师的一段运动活动中，儿童发起的互动有 12 次，但在 L 教师的班级的一段运动活动中只有 2 次儿童发起的互动。下面就以运动活动、游戏活动和生活活动中不同教师与儿童进行互动过程中产生的"共同活动""情感表达"等互动行为事件为例做进一步的分析说明。

共同活动是指在区域活动或者角色游戏、户外活动时，教师不带有教育目的地参与或融入儿童的活动中，或是教师鼓励儿童进行合作，分享游戏的快乐。在幼儿园的半日活动中，儿童有较多进行户外活动和游戏的时间，这常常是儿童放松身心、自由发挥的时机，作为教师就应该在这些时候与儿童恢复平等、自由的关系，教师更多的是扮演同伴的角色，这样儿童才能在游戏或活动中真正放松，与教师形成融洽的关系，共同分享、体验游戏的快乐。根据研究者的观察，在一些单纯的游戏活动中，有的教师往往不能较好地转变角色，而是仍将自己作为师幼互动的主体，呈现高控制的姿态，这样的互动就很难产生共同活动的行为事件，儿童仍处于被动服从的地位，这样就可能导致游戏失去趣味性及本身的价值，甚至游戏的终止。下面以 L 教师的一段角色扮演游戏的互动为例进行分析。

时间：10 月 20 日　10：30 开始

地点：Z 幼儿园

上完课，又是一段自由活动时间，幼儿开始进行角色游戏，于是 L 教师吩咐一半小朋友出去等待，另外一些幼儿留在教室摆放角色游戏要用的材料。游戏开始后，幼儿开始自由活动。整个活动中，L 教师一直在教室转，偶尔也以顾客的身份参与其中买东西，期间有幼儿来找教师告状，L 教师则一律置之不理。不一会儿，游戏出现了混乱，幼儿都只去银行取钱，在不同的商店买东西，可是商店的老板并没有在银行存钱，银行一时无法兑现，顾客取不到钱，无法进行交易，导致整个游戏陷入瘫痪，之前有在银行角的幼儿去向 L 教师报告求助，L 教师只是说："我现在也是顾客，不要找我，你们要自己想办法解决。"大约 15 分钟后，游戏在混乱中结束……

根据上述案例，L 教师在角色游戏中与儿童几乎很少互动，期间虽然偶尔参与儿童的游戏，但是这样的师幼互动行为事件并不能算是共同的互动，使得这个角色游戏的价值没有得到发挥。究其原因，游戏前儿童似乎并不了解其中的规则，而 L 教师在游戏中也没有做及时的说明，在游戏过程中没有看到作为游戏参与者的 L 教师发挥"游戏精神"——其中包括平等性原则和公平竞争原则，即参与游戏双方不仅彼此要承认对方可以作为一个平等的游戏伙伴的资格，而且都能够认同、遵守游戏的规则，并愿意接受规则的监督。① 整个游戏过程中，L 教师并没有互动的意识，只是在单纯地完成一项活动，很少产生互动更谈不上共同活动。下面以 J 教师一段活动记录为例来探讨"共同活动"。

时间：9 月 23 日　10：10 开始

地点：M 幼儿园（大一班）

一会儿，儿童开始拿出自己的玩具自由活动，J 教师提出"请大家轻一点"，J 教师走到妞妞和乐乐桌前，他们正在玩挑棍，妞妞总是出错，乐乐看到 J 教师过来，就说："J 教师，你来和我玩吧！"J 教师同意，乐乐先开始散开小棍，先拿了一根不挨着其他的，随后开始拿第二根，可是这次碰到了其他的小棍，J 教师说："哦，你碰到其他的棍子了，该我了……"就这样循环了两轮后，妞妞似乎明白了其中的规则，提议她要玩，J 教师爽快地把位子让给了妞妞。J 教师看到齐齐拿出了飞行棋，走过去说："我家里也有这个棋子，我也很喜欢和我女儿玩这个的。"齐齐就提出要和 L 教师玩一盘，展开飞行棋后发现桌子太小铺不开，两人又一起抬来桌子并在一起，铺好飞行棋，齐齐说："我要黄色的棋子。"L 教师爽快地答道："好吧，那我就要蓝色的。"齐齐一步棋多跳了两格，J 教师也不退让："哈，你怎么可以一直走下去啊！"齐齐吐舌头，表示不好意思，J 教师笑着说："哈，该我了，你可要看清楚哦！"……旁边围观的小朋友也认真地看着。

从上面这个案例我们可以看到，J 教师与儿童是因为被游戏本身的乐

---

① 胡伊青加.人：游戏者［M］.贵阳：贵州人民出版社，1998：8-10.

趣所吸引而开始一起游戏，所以 J 教师参与儿童的游戏是共同活动的互动行为，她与游戏中的儿童彼此之间只是将对方当作与自己平等的一个普通玩伴，依照游戏的规则进行游戏。在共同游戏的过程中，两次都是儿童主动提出的，他们并没有因为对方是教师而显得胆怯，对于游戏规则都是一丝不苟，而且也真正地从中体会到了游戏的快乐。正如在访谈中 J 教师所说："平等的交流才会有利于与儿童形成良好的师幼关系，这与师幼互动是相辅相成的，作为教师一定要学会抓住机会，什么时候教师处在主导地位，什么时候孩子处于主体地位，都是需要适时地进行角色转换的，千万不能总是以权威的地位与儿童交流。"正是这种平等与真诚的游戏态度，才促进了 J 教师与儿童之间更多、更有效的互动，使师幼关系更融洽，这样就形成了一个不断循环的师幼互动与师幼关系上相辅相成的状态。

有关情感表达也是幼儿园半日活动中师幼互动行为事件的一个重要的主题，它是指教师在面对幼儿时产生的情绪、情感，并将这种情感呈现出来，不涉及指导的行为或者对幼儿的行为管理。情感本身是一种心理体验，但有时也常会通过人的行为表现出来，在师幼互动的过程中，教师和儿童各自的行为或多或少的都会带有对对方的某种情感色彩，教师对幼儿的情感表达既包括积极的情感表现，也包括消极的情感表现，这些情感上的表达往往会影响到双方的互动，以至影响师幼间的关系。根据观察到的高质量的师幼互动片段来看，这些教师并不会有明显的消极的情感表达，她们表现出来的更多的是一种积极的或者中性的情感色彩，并不会对儿童进行否定或是"贴标签"，在互动过程中教师始终比较平等地对待不同儿童，师幼双方呈现比较积极融洽的关系。教师和儿童总是表露出对彼此的尊重。当对儿童讲话时，教师会与儿童保持眼神接触，从而表现出对他们的尊重，儿童通过倾听也表现出对教师的尊重。在集体教学中，当一个儿童正在回答一个问题时，其他儿童也会给予关注等等。当对儿童说话时，教师总是使用比较热情、平和的语气。教师和儿童之间使用表示尊重的话语，比如"请""谢谢你""欢迎你"等等。但是低质量的互动中，教师往往明显地忽视自己不喜欢的儿童，这种情况下互动往往很快终止，甚至毫无互动。下面以一段研究者对 H 教师的观察记录为例进行分析。

时间：10月20日 9：50开始

地点：Z幼儿园（大二班）

上完集体活动后，H教师带领小朋友来到一个专门堆放积木的教室，小朋友们自由选择区域进行拼搭，H教师并没有很多指导，只在最后进行了10分钟的总结，表扬了部分小朋友。在幼儿进行积木拼搭期间，H教师主动过来和我交谈，给我讲了班级里一些小朋友的性格特点，还说道："我非常喜欢伊伊，她虽然不太喜欢讲话，但是她很聪明，我非常喜欢她，也喜欢让她来回答问题，那个佳佳，他也挺聪明的，但是他老是喜欢喊出来，没规矩，很吵，我每次都要最后一个再叫他回答问题，要把他压一压……"因此，在拼搭游戏结束总结的时候，我很明显地发现H教师多次叫她喜欢的伊伊回答问题，佳佳多次举手，H教师都忽视他，其中有一次，对于H教师的提问，其他小朋友都默不作声，只有佳佳在底下喊出了答案，H教师却说道："佳佳，你总是这样，你会不会举手呢，下次不许乱喊，虽然你答对了，但是我这次也不表扬你。"此外，还有一个现象就是，H教师的每次提问都特别期望孩子们说出她想要的答案，而很少有等待，对于一些小朋友的回答，H教师经常会以"你说的我听不懂"作为回应。

从上面的这段记录可以看出，H教师在对待儿童的过程中明显地带有不同的情感色彩，对伊伊的情感表达是比较积极的，这可能会促进她们形成积极融洽的师幼关系，师幼互动发生的频率也会随之增加，而对于佳佳的表现，H教师长期的这种忽视，甚至是压制可能会导致佳佳原本活跃的思维不断地受到克制，从而使她对活动失去兴趣，甚至是对H教师或者幼儿园生活产生厌恶感。我们常说，人与人之间越接近，彼此之间的互动行为发生的机会才会越多，在幼儿园，教师与儿童朝夕相处，每一个儿童都渴望得到教师的关注和鼓励，消极的情感氛围，会使儿童感到紧张、压抑，畏惧教师的权威，师幼关系紧张，导致师幼间互动频率减少，互动质量低。反之，积极的情感氛围更有利于儿童与教师形成融洽的师幼关系，产生更多的互动，从而更轻松、更快乐地学习和生活。正如研究者第一次观察F教师半日活动时的一段记录：

F教师总是面带微笑与孩子交流，她对每一个孩子的表现都很感兴趣，常常很亲切地称呼幼儿"宝贝"，耐心地回答幼儿提出的问题，还经常有幼儿跑到 F 教师的身边拉着她的手或抱着她说话，看得出孩子们和 F 教师的关系很融洽。在与 F 教师的交谈中，她说道："我们班里的孩子都很可爱，孩子就是孩子，就是很天真，每个孩子都有自己的特点，都很有意思，和他们在一起的时候我真的是挺开心的。"

可以看出，F 教师本身对儿童的情感态度就很积极，没有戴所谓的"有色眼镜"，儿童与她相处得自然、轻松，无论是从 F 教师的行为还是在访谈中，都能看出她在与儿童的互动中所表露出来的情感是发自心底的，是一种非常自然的情感流露。教室应该是一个比较温暖的地方，师幼之间有很多欢声笑语，教师表现出积极的情绪，儿童处在一个热情的环境中，他们喜欢待在班级中。儿童在这种情感氛围下，自然也会喜欢和教师交流，因为不会有畏惧感和不安，这样才会有更多平等的对话。正如 J 教师所说："我以前曾经也出现过职业倦怠，我看到孩子们，尤其是个别孩子就觉得很烦躁，但是经过慢慢地调整，我现在状态有所改变，我不像以前大声命令式地与儿童交流，每一个孩子都有自己的性格特点，现在我是温和、真诚地把他们当作朋友一样交流，我们常常是以相互商量的口吻来交流，这样他们似乎也表现得没以前那么吵闹、不听话，这样平等地交流，心平气和地来工作，与儿童的互动自然就轻松了。"因此，作为教师在与儿童的互动中，情感的表达常常关系到自身的工作状态和师幼关系以及师幼互动，每一个儿童都是天真可爱的，积极的情感表达更能促进师幼关系的和谐发展，从而进一步激发师幼互动的发生。

三、师幼互动中的班级常规及秩序的维护——行为管理

在幼儿园半日活动中，尤其是生活活动、运动活动中，行为管理也是师幼互动中常发生的行为事件，正如对高分、低分教师半日活动的观察以及师幼互动主题事件的统计，低分教师的互动主题多集中在行为管理上，高分教师对于儿童的行为管理通常多带隐性。行为管理常常与儿童常规的形成有密切的关系，教师为了顺利组织活动和对儿童进行指导，以保证学习活动的进行，经常会对儿童进行纪律约束，或是进行规则培养，对儿童的某些行为进行有效的监管、制止和纠正。幼儿园是儿童第一个集体生活的社会生活机构，幼儿园的常规要求相对比较全面、细致，了解和遵守幼

儿园的规则,是儿童适应集体生活面临的一大难题,而对教师来说,这也是一个重要的工作任务,师幼间的互动也常常会围绕这一主题展开。对于儿童的行为管理,最原始的方法就是语言或行为上的约束,甚至是惩罚,但是,教师也可以通过多种辅助的方式进行,比如:通过角色游戏培养儿童的规则意识;借助故事或者儿歌引导儿童了解规则;等等。下面以J教师针对班里一名年龄比较小的、平时常规意识比较缺乏的儿童进行的管理方式为例进行分析。

早点时间到了,J教师班级里孩子们的常规都做得不错,大家都很有秩序地洗手、上位,阳阳又开始在班里乱窜,J教师并没有像昨天那样制止阳阳,而是说:"阳阳,今天你来当我们班的班长吧!"阳阳听到让自己当班长,觉得很奇怪:"为什么啊?"J教师回答:"最近班里没有班长,教师想让你试一试,你可要好好监督大家哦!"阳阳被委以重任,好像突然就变得很有责任心,马上在教室外帮助其他小朋友叠好衣服,还帮保育员分发饼干,自己最后一个上位吃早点,后面的集体活动中也不像以前那样乱跑了,听讲也比以前认真了。活动过渡时间里,对J教师进行非正式访谈,J教师说道:"他是我们班比较调皮的孩子,只有中班年龄,但是他很聪明,这个办法好,让他当班长,他还更有责任心了。今后就这样,每个人当一天班长!"

这就是J教师的一种教育机智,这种辅助进行约束纪律的方法还是起到了相应的作用。阳阳担任职务后使他自己有了一定的责任感,时刻会先想到自己的行为,这就有效地防止了自己不当行为的发生,而其他儿童也会意识到连阳阳都这么遵守规矩,他们也应当表现得更好。因此,当班级中已经建立起好的行为管理时,很多儿童会自觉地以适宜的方式管理自己,无须提醒规则和期望,因为适宜行为要求已经建立起来了。根据观察到的互动质量较高的教师表现出来的共同特点,就是她们对于儿童的常规培养都采用一些比较灵活的辅助方法,并没有出现惩罚或者当众批评的现象,说教的方式比较委婉,这些教师总是有前瞻性,能有效监控班级,防止行为问题的出现。通过关注积极行为和使用微妙暗示,教师有效地纠正了不当行为。有效的行为管理使学习时间达到最大化。如:F教师常会使用积极的反馈,使被期望行为得到重复而不当行为消失。她对某个儿童或者某个具体行为的表扬很有针对性。比如，区角活动结束后儿童本应该一起整理，但是他们仍在玩，教师会对其他几个已经完成整理工作的儿童说："我很喜欢倩倩和月月帮助大家的方式，她们搬走了积木。"可见，有时教师使用积极的话语，暗示给儿童应该做什么，而非禁止另外一些行为，反而效果更佳。纠正儿童的其他有效方式还包括眼神接触、身体靠近、轻抚、姿势、问有关当前活动的问题，但是不局限于以上方式，这些纠正方式通常是快速、有效的。能进行有效的行为管理的教师能预测到班级中的很多情境，而非被动地对此做出回应，她们总是能在问题发生前预测和防止不当行为的出现，很多情况下她们能预测并阻止可能会产生行为问题的情境。比如，在区角活动时，J教师常常会让儿童在班级里走一走，或者和同伴分享材料，而非告诉他们不要跑，不要抢别人的材料。使用了有效行为管理的教师在管理班级的问题上花费的时间一般很少，因为她们在问题产生前就能有效阻止问题的出现。当问题确实出现了，教师也能采用一种有效的方法去解决，而且教师的有效矫正常常会阻止不当行为的升级。

四、师幼互动中的保育关怀——生活护理

在幼儿园半日活动中，教师对儿童的保育关怀不仅仅只是出现在生活活动的环节，它贯穿于各个活动情境中。多数儿童尽管已经能够生活自理，但是作为儿童在幼儿园的主要负责人，教师及时给予儿童生活上的照顾和关心，也是师幼互动内容的重要组成部分。根据观察发现，教师对儿童的生活照顾都是围绕一些比较琐碎的事情展开的，这些事情随时随地都可能发生，这也常常是教师敏感性以及专业素养方面的体现，不同的教师在生活护理方面的表现也常常不尽相同，下面以F教师在一段户外活动中对儿童的生活照顾为例加以说明。

今天的户外活动内容是"弹沙包"，F教师先是给孩子们在背部衬好毛巾，再开始示范讲解了弹沙包的要领，之后孩子们开始独立尝试，强强很快就掌握了要领，沙包不仅弹得很高，而且一次能连续弹好多个，F教师随即建议强强给几位没有掌握要领的幼儿进行示范，强强也表现得很带劲，之后他一直在开心地和其他孩子一起游戏，F教师发现强强已经满头

大汗，就温和地对强强说："游戏一段时间后，就要适当的休息，现在是秋天比较干燥，去那边擦擦汗，喝点水吧！"期间，F教师也同样提醒其他幼儿去擦擦汗、休息等等。户外活动结束后，F教师和孩子们一起讨论分享了"弹沙包"的要领，并请孩子们一一展示，之后还特意强调："孩子们，今天的活动量挺大的，大家都出了很多汗，但是千万不要随便脱衣服，先擦擦汗，平静一会儿。秋天到了，天气变得比较干燥了，所以运动之后一定要多喝点水，还要注意不要运动过猛，要适当休息，学会自己照顾自己。"

从上述案例可以看出，有关生活护理方面的互动其实无处不在，F教师不仅及时注意到儿童这方面的需求，同时还给儿童提供了生活方面的很多提示。而在观察到的L教师的几个半日活动中，她很少关注儿童这些方面的需求，最多出现的提示就是："××，去卫生间拿点纸，擦擦你的鼻涕！"在一次户外跳绳的活动中，L教师先是示范性地跳了几个，之后儿童开始自由跳绳。在整个活动过程中，L教师只是在操场上来回转一转，没有出现任何互动行为，期间也就说过一次："热了的小朋友把外套脱掉！"20分钟后，L教师就带着儿童离开了操场。

根据两位教师的互动行为可以看出，教师在互动中对于儿童的生活照顾也存在一定的差异。高质量的师幼互动，在有关生活护理的主题中，教师不仅做到了照顾好儿童，同时能引导他们掌握相关的知识，不断提高儿童的自理能力。生活护理的目的不仅是要让儿童处于一个安全、舒适的状态，更重要的就是要引导儿童形成良好的生活习惯，虽然表面上体现的是保育的功能，其实更是师幼之间一种比较细腻和有针对性的互动。

综上所述，师幼互动中，由于师幼双方的不同特征和相互关系的特殊性，师幼互动内容也在半日活动的各种情境中有所区别。在教学活动和部分区角活动中，教师发起的指导说明、对话交流的行为事件最多，这说明在这种以学习活动为主的活动情境中，师幼间的互动还是紧紧地围绕着学习内容展开，指导说明和对话交流都是教师为了使幼儿理解和掌握学习内容而发起的。在以游戏为主的区角活动中，师幼互动中教师与儿童的对话交流最多，其次是共同活动，这是在这个活动情境中特别突出的互动行为事件，更能体现教师与儿童之间的平等关系。在运动中，教师的指令明显较多，也就是以行为管理的互动内容为主，这可能是由于教师出于对儿童安全的考虑，常会对儿童多一些要求、提醒或指令。在生活活动中，教师与儿童互动多集中在生活护理这一内容上，其次就是情感表达，这也是与生活活动本身的情境特点密切相关。总的说来，并非每个活动情境下教师只出现固定的某些互动行为事件，不同的互动行为事件会根据不同的活动内容贯穿于一日活动的各个环节，高质量的师幼互动并不意味着互动次数多，或者互动内容丰富，更多地取决于处于师幼互动中处于较为主动地位的教师在师幼互动过程中的行为性质和敏感性程度。

第三节 高质量师幼互动的特点分析

国外研究中有大量的追踪研究显示师幼互动的质量对儿童的发展具有持续性影响。良好的师幼互动对儿童的社会性发展有重要的作用，良好的师幼互动有利于儿童自律、人际关系能力的形成和认知的发展，等等。可见，高质量的师幼互动对儿童各方面发展有着重要的作用，同时也可以促进教师自身的专业发展。因此，对高质量师幼互动特点进行分析，有利于建构积极、适宜的师幼互动。结合第二节对高、低质量师幼互动行为的聚焦，研究者发现，高质量的师幼互动具有以下特点。

一、高质量师幼互动的性质是以积极行为为主的

师幼互动的性质是师幼互动过程及其特点的综合概括和体现，是师幼互动十分重要的要素，它贯穿师幼互动的整个过程，直接影响着师幼互动的进行、发展和效果，是师幼互动总体特征的集中体现。师幼互动的性质体现的是师幼互动的一种总体特征，主要体现在互动双方的行为方式、效果及其相互作用过程中。有研究指出，师幼互动中发起行为和反馈行为的性质及其相互作用的分析是师幼互动性质的立足点。可选择行为的适宜性、情感特征和效果三个方面来综合分析师幼互动发起行为和反馈行为的性质。师幼互动发起行为的性质主要可分为积极、消极和中性三种，反馈行为性质则可分为积极、消极、中性和无反应四种。[1]

---

[1] 庞丽娟.教师与儿童发展[M].2版.北京:北京师范大学出版社,2003:183.

在本研究中，根据本章第二节中对观察到的高质量师幼互动的分析发现，师幼互动发起行为的总体性质以积极行为最多，中性次之，消极行为再次。如观察到的F教师、J教师在师幼互动的过程中都表现出较高的敏感性，师幼互动是在一种积极的情感氛围中进行，师幼之间是一种平等—对话的互动模式。另外，师幼互动反馈行为的性质总体上是以积极行为为主，中性行为次之。如上一节中从F教师在区角活动中对儿童进行的指导和对话交流就可以看出，F教师在与儿童的互动过程中，总是能以平等的姿态与儿童交流，同时能够以有效的提问来激发儿童探索的兴趣，师幼之间是一种引导—回应的互动模式。

一方面，不同情境中的师幼互动性质是以积极行为为主的。根据上一节高质量师幼互动的分析，在集体教学活动和区角活动中，教师和儿童都有明确的教育和受教育意识，无论是发起行为还是反馈行为的性质都相对比较积极。在一些游戏活动、运动活动、生活活动中，氛围比较轻松，教师的敏感性也比较高，同时儿童也有较多的机会来发起互动，教师和儿童间表现出为一种平等的发起互动的机会，师个、师组间的有效互动明显增多，而且多表现为积极行为；在生活活动中，因为生活照顾的琐碎，常规约束偏多，因而，中性的互动行为相对比较多。

另一方面，在不同内容中的师幼互动性质是以积极行为为主。不同的内容对师幼互动的性质，特别是互动双方的行为及其性质有很大的影响，在观察到高质量师幼互动中，在对话、情感表达、共同游戏等活动内容中，教师都明显地呈现积极的发起行为和反馈行为，这与这些内容的互动中教师表现出的积极情感和正向肯定有极大的关系。在行为管理和生活护理为主要内容的互动中，教师和儿童的行为则以中性行为居多、积极行为次之。

二、高质量师幼互动的主题和形式具有多样性

根据研究者的观察，在高质量的师幼互动中，教师发起的师幼互动主题丰富多样，在半日活动中几乎涵盖了研究者定义的所有主题，而低质量的师幼互动在学习活动中，教师发起的互动主题仅仅体现在指导说明、行为管理和对话上，情感表达的主题较少出现。高质量的师幼互动中教师所

发起的互动主题以指导说明活动为主，对话、情感表达次之，再次是共同游戏和行为管理，最后是生活护理。在游戏、生活活动、户外活动中，高质量的师幼互动中教师发起的互动内容以对话为主，其次是共同游戏、行为管理，最后是情感表达和生活护理。互动的主题虽然在各个情境中有重合之处，但是研究者发现，就算是相同主题，在不同阶段的特点也是不同的。如样本中的 F 教师和 J 教师常常在不同的活动情境中都非常注重情感的表达和平等的对话，她们认为这才是师幼融洽互动的基本前提，这与教师自身较高的专业素养也是密不可分的。

在互动形式上，高质量师幼互动中也明显呈现多样性的特点。在集体教学活动中，师幼互动以师班互动和师组互动为主，区域活动和户外运动中教师会以师个互动和师组互动为主，生活活动中以师班互动和师个互动为主，可见，教师在互动的形式把握上比较灵活，能够实现使学习、游戏时间的最大化。而低质量的师幼互动中，教师常常仅仅以师班互动为主，偶尔出现师个互动，体现为教育敏感性方面的欠缺。

三、高质量师幼互动主导动因具有双重性

刘晶波将师幼互动行为的主导动因分为事务性的互动和情感性的互动两种类型。[①] 所谓事务性的师幼互动，是指师幼互动中教师根据教育者与指导者角色、儿童根据受教育者和被指导者角色规定的行为开启或是应答彼此之间的互动行为过程，并且互动过程本身围绕的是与幼儿园这个制度化的教育机构的职能相匹配的事务性的行为目的，那么这种互动就可以被看作事务性的师幼互动。情感性的师幼互动则是指教师和儿童在互动过程中彼此把教育者和指导者、受教育者和被指导者的角色抛在一边，只是凭借自己作为一个人的本来面目发出施行行为或是反馈行为，并且双方开启或应答互动的目的仅仅是出于彼此对对方的某种兴趣或是交流信息、沟通感情的需要，那么这种互动就可以被称为情感性的师幼互动。

根据对高质量师幼互动的观察和分析，研究者发现，在教学活动中的

---

① 刘晶波.师幼互动行为研究:我在幼儿园里看到了什么？[M].南京:南京师范大学出版社,2006:218.

高质量师幼互动动因多是以事务性的互动为主，表现为互动主要围绕着一个问题展开，例如指导说明、问题的解决和回应、鼓励等。在此过程中，教师充分发挥着自己指导者和教育者的角色作用，儿童则尽可能地按照教师的指导和命令行事，听从教师的指派，因此，教师在互动中，会很自然地把教育性放在第一位，但是同时教师和儿童在发起互动时也带有一定的情感性互动的成分。如J教师班级的儿童就常常会很自然地走过去拉着J教师的手来说出自己的想法，儿童和J教师是平等的交流，儿童是出于交流信息的需要，表现出的是一种情感性的互动。在区角活动、运动活动、角色游戏中，高质量师幼互动的教师常常是以合作者、协助者的身份出现的。教师能够灵活地转变角色，不再以权威的姿态出现在幼儿面前，去要求儿童必须做什么、应该做什么，而是把决策权交给了儿童，让儿童自己通过协商和讨论去决定应该做什么和怎么做。因此，教师在发起互动或反馈时，较多地关注在情感上与儿童进行沟通，为儿童营造一个宽松的心理氛围，让其自主性能够充分地得到发挥。同时在某些生活活动的互动中，教师也会出于对儿童良好常规的培养而恢复教育者的角色，给予儿童以相应的指令，这又体现出事务性的互动。因此，在高质量的师幼互动中，师幼互动的主导动因既有可能是事务性的互动，也可能是情感性的互动，其主导动因具有双重性。

四、高质量师幼互动的过程是显性互动和隐性互动的统一

有研究者根据主客体间关系的不同，将互动分为显性互动和隐性互动。显性互动通常是主体之间的交互活动与影响，主要指个人与个人、个人与群体或群体与群体之间，借助语言或文字等符号进行的交互活动与影响。隐性互动则是指主、客体之间的交互影响，也就是说，促进主体互动的情境和环境，主要包括教材、教具、教学手段等客体因素对主体产生的潜在影响，它侧重于物力资源、信息资源、时空资源这些静态因素。[①] 正如课堂互动评估系统（CLASS）中的"情感支持（ES）""班级管理（CO）""教育支持（IS）"三大维度的评估标准，在高质量的师幼互动中，

---

① 王国珍.试论语文教学的隐性互动[D].长沙:湖南师范大学,2004.

教师不但需要通过语言、表情、动作等方式与儿童进行互动和交流，而且也需要利用玩教具、活动材料、班级环境等资源与儿童进行互动，即"情感支持（ES）""班级管理（CO）"和"教育支持（IS）"三者之间相互影响、相辅相成。隐性的互动离不开班级环境、教学环境、教具材料等客体的支持对儿童产生某种潜在影响。这些环境方面的客体因素一方面隐性地影响着儿童，另一方面也为师幼之间显性互动的产生奠定基础。而教师与儿童之间的显性互动常常建立在客体对主体的隐性互动之上，儿童正是在班级环境、教学环境和玩教具等客体因素的不断影响和交互作用下，才会产生与教师或者其他儿童互动的意愿，从而使互动变得更加有效、自如。

高质量的师幼互动中，教师会在"情感支持（ES）""教育支持（IS）"方面有较好的准备，如设置有效的导入活动，激发儿童与其他儿童，或者和教师主动地产生互动。同时，教师能有效地利用教室的资源启发儿童，如区角活动中，F教师常常会根据儿童的发展水平设计一些操作材料或游戏，这些材料或游戏对儿童来说可能存在一些挑战，在操作过程中，儿童就会开始积极、主动地思考解决方案，其中就会有儿童主动地与其他儿童进行合作，积极地发起互动行为，此时教师也达到了相应的教学目的；有的儿童则会向教师求助，主动地发起显性的师幼互动，教师对儿童进行启发和引导，互动的有效性进一步体现。此外，在教学活动或区角活动的互动中，F教师也常常会采用暗示的方法，如在上一节提到的"小宝拼机器人"活动中，F教师在与小宝讨论重心时，旁边的小朋友也会有意地去听一听，间接地获得了相关的知识经验，这也是一种隐性互动的作用。因此，高质量的师幼互动过程是显性互动和隐性互动的统一。

第五章　幼儿园集体教学活动中的
　　　　微观互动分析

　　师幼互动是评价学前教育质量的重要指标之一,[①][②] 大量的研究表明,高质量的师幼互动对儿童的认知发展具有重要意义。[③][④] 集体教学活动是幼儿园中课程与教学、师幼之间等多种复杂因素互动的重要场域之一,是借助"话语"进行设计和建构特定意义的规范和形式的空间,[⑤] 关注师幼在互动中建构知识的行为过程,聚焦教师在活动的组织与实施过程中的支持和话语的引导,以及教师如何启发儿童在教学活动中自主建构。在教学活动的场域中,师幼双方通过言语和非言语的行为产生互动,伴随着认知和情感的参与,无论是对话还是身体动作、眼神或是教室环境及教室中的"物"等都会影响儿童的学习过程。越来越多的研究指出,高质量的师幼互动能够激发儿童的学习动机,有助于儿童语言、数学、科学探究等认知

---

① PIANTA R C,HOWES C,BURCHINAL M,et al. Features of pre-kindergarten programs, classrooms,and teachers:Do they predict observed classroom quality and child-teacher interactions? [J]Applied developmental science,2005,9(3):144 – 159.

② OECD. Starting strong 2017:Key OECD indicator on early childhood education and care [R]. Paris:OECD Publishing,2017:15.

③ LA PARO K M,PIANTA R C,STUHIMAN M. The classroom assessment scoring system: Findings from the prekindergarten year [J]. The elementary school journal,2004,104(5):409 – 426.

④ SMIDT W,LEHRL S. Teacher-child interactions in ECEC classrooms:characteristics,predictivity,dependency and methodological issues [J]. Research papers in education,2018,33(4): 411 – 413.

⑤ 钟启泉."课堂话语分析"刍议[J].全球教育展望,2013,42(11):10 – 20.

能力的发展。①② 社会建构主义认为,儿童处于社会文化背景中,学习首先是进入某一实践共同体的文化的过程,在与他人的互动中,不断主动建构自己的认识与知识,③ 正如维果茨基指出,儿童是在摆脱日常概念和成人概念的"张力"中学习科学概念的,④ 幼儿园的教学活动正反映了这一过程。

因此,本章聚焦幼儿园的集体教学活动,基于视频的节选,对教学活动中的情境进行微观互动分析,重点揭示幼儿园集体教学活动中的互动特征。其中,第一节阐述微观互动分析的理论基础;第二节基于视频微观分析幼儿园集体教学活动中的互动;第三节探讨教学活动中的互动特征及拓展。

第一节 微观互动分析的理论基础

一、社会文化理论

维果茨基强调互动与儿童学习之间的重要联系。他认为,儿童在与他人的共同活动时所进行的社会性互动,对于儿童如何学习思考、推理和交流具有重要作用,因此,与儿童独处相比,与成年人或同伴进行互动所获得的知识和技能会更广泛。⑤ 美国儿童发展科学委员会充分肯定了维果茨基的理论,并强调:"儿童生活的世界是一个彼此建立关系的世界,而这些关系几乎影响了他们发展的所有方面,即智力、社会性、情感、身体、

---

① LEHRL S, SMIDT W. Differential effects of preschool quality on children's emergent literacy skills in the final preschool year in Germany [J]. Research papers in education, 2018, 33(4): 492–514.

② SYLVA K, STEIN A, LEACH P, et al. Effects of early child-care on cognition, language, and task-related behaviors at 18 months: an English study [M]. British journal of developmental psychology, 2011, 29(1): 18–45.

③ 王文静. 社会建构主义研究[J]. 全球教育展望, 2001, 30(10): 15–19.

④ VYGOTSKY L S, et al. Mind in society: The development of higher psychological processes [M]. Cambridge, MA.: Harvard University Press, 1978: 32.

⑤ VYGOTSKY L S, et al. Mind in society: The development of higher psychological processes [M]. Cambridge, MA.: Harvard University Press, 1978: 32.

行为和道德。"①

社会文化理论源于维果茨基的理论,后来由列昂节夫和鲁利亚进一步拓展,强调儿童是主动的社会学习者,儿童获取社会建构的概念、语言和行为模式是通过与嵌入社会文化语境中的文化工具中介的社会活动过程。②③ 20世纪70年代后,很多学者开始批判皮亚杰的认知发展心理理论,如里格尔(Riegel)、布朗芬布伦纳、托夫斯基,他们认为皮亚杰的理论并没有把儿童的发展看作是一个社会历史活动,儿童和世界应该是互相建构的。儿童的发展应当被看作是一个在社会条件下动态互动的过程,儿童的发展应该被更多元化地理解。里格尔指出,儿童发展的多样性不仅与其生物性的发展轨迹有关,而且与心理、文化和社会的相互作用有关,生物性的轨迹为发展提供了基础,并且通过不同的儿童个体在不同的发展过程中相互作用的方式产生变化,创造出各种各样的发展可能性。在布朗芬布伦纳的理论中,一个人的发展是由相互作用的微观、中观和宏观系统决定的。④ 托夫斯基指出,每个孩子都处在一定的社会传统中,为了理解一个特定的人在特定的心理功能方面的发展,必须考虑这些社会传统。⑤ 这种批判同样出现在社会学和人类学领域。20世纪90年代,威廉·科尔萨罗、艾莉森·詹姆斯、克里斯·詹金斯和阿兰·普劳特等人提出,应该在时间和空间上对儿童进行本土化的研究,以便概念化儿童发展之间的可变性。他们认为,较之"儿童发展的宏大理论",对童年的研究为研究儿童提供了更好的方法,社会互动(包括儿童使用语言和文化工具)是学习发生时的基础中介,学习是社会互动的结果。所罗门等人对皮亚杰的理论进行了批判,他们

---

① CHILD N. Young children develop in an environment of relationships[J]. National scientific council on the developing child,2006,144(1):319 - 326.

② BAKER SENNETT J, ROGOFF B, BELL N, et al. Voice of the mind:A sociocultural approach to mediated action[J]. The American journal of psychology,1992,105(3):506.

③ WERTSCH J V,DEL RíO P,ALVAREZ A. Sociocultural studies of mind[M]. Cambridge, MA:Cambridge University Press,1995:1 - 34.

④ BRONFENBRENNER U. The ecology of human development:Experiments by nature and design[M]. Cambridge,MA:Harvard University Press,1979:22 - 30.

⑤ WARTOFSKY M. The child's construction of the world and the world's construction of the child:From historical epistemology to historical psychology[J]. The child and other cultural inventions,1983:188 - 215.

认为教学活动应该被看作是一种社会或者话语实践,而不是一种认知过程。

基于维果茨基的社会文化理论来探讨师幼互动和儿童发展,能够考虑到互动的个性化、动态性和儿童发展中的可变性。维果茨基强调儿童的认知发展首先源自人与人之间(心理之间),其次是儿童内部(心理内部)被社会和文化建构,然后再内化。[1] 罗高福对这一概念做了进一步的拓展,并将引导参与的概念引入了社会文化分析的人际层面。她强调物理环境(物体和活动)、儿童责任和支持性社会环境(成人和同侪)在儿童学习中的重要性。维果茨基通过使用儿童的社会情境概念,指出一个特定年龄的儿童与他/她的活动的社会条件之间的关系体系。儿童的社会互动是其生理成熟与社会环境中的制度要求之间的中介联系。这种互动会引发儿童在日常活动中产生冲突和危机。儿童发展轨迹的一般概念必须与儿童在机构实践中的具体活动和社会关系相结合。[2][3] 只有借助这种整合,才能理解儿童发展中的差异性。[4] 师幼互动是儿童早期社会互动的主要方式之一,儿童能够通过社会互动,建构对世界的认识,维果茨基传递了两个引发儿童发展变化的动态的概念:"模仿"和危机。模仿联结的是最近发展区的概念。"危机"关系到的是发展阶段理论。维果茨基认为,我们心里没有一个机械的、自动的、轻率的模仿,而是基于对模仿的理解而理智地模仿,是出于某种理智的操作。儿童不能独立完成的活动,但能被教导的,或能在指导、合作或引导性问题的帮助下完成的,都包含在模仿的范围内。最近发展区的概念主要用来理解儿童一日生活中学习和发展的社会关系的重要性。维果茨基使用了"儿童社会情境中的危机"这一概念来解释

---

[1] VYGOTSKY L S. Mind in society:The development of higher psychological processes[M]. Cambridge,MA:Harvard University Press,1978:67.

[2] ROGOFF B. Apprenticeship in thinking:cognitive development in social context[M]. Oxford:Oxford University Press,1990:3－22.

[3] ROGOFF B. Observing sociocultural activity on three planes:participatory appropriation, guided participation, and apprenticeship[M]. WERTSCH V,DELRIO P,ALVAREZ A. Sociocultural studies of mind. Cambridge,MA.:Cambridge University Press,1995.

[4] HEDEGAARD M. Children's development from a cultural-historical approach:Children's activity in everyday local settings as foundation for their development[J]. Mind Culture & Activity, 2009,16(1):64－81.

儿童发展，当儿童与别人的关系发生变化时冲突就会变成危机。其中，冲突可以从社会、机构和儿童与实践的关系几个角度来理解，而危机就必须从参与者的角度来描述。当冲突与儿童的社会状况有关时，可以在儿童的社会状况中发现，与不同机构（家庭和学校）的实践相关的不同价值观之间的冲突可以转化为危机，这就意味着冲突发生在儿童的不同愿望或取向之间。同样，儿童的动机和机构中的主导动机之间也会产生冲突。所以，维果茨基发展危机的概念包括三个部分：解构（deconstruction）、建构（construction）和精通（mastering），其中能力、策略和动机的解构和重新建构对儿童进入新的发展阶段是至关重要的，这些变化意味着儿童的个性特征作为整体在变化——改变的不仅仅是儿童意识的部分，而是每个特定年龄的一般意识结构，其主要特征是不同机构与个体活动的不同形式之间的关系和所形成的依赖系统。

总的来说，基于维果茨基的社会文化理论来看待师幼互动和儿童发展，将有助于我们在研究和实践中充分考虑到以下内容：儿童及其日常活动环境的社会、文化的背景；教育者，包括教师和家长应该与儿童共享日常实践中的准则和价值观；在养育和教育方面的需求，考虑儿童如何在这些共享活动中获得满足；理解成长和教育需求对儿童的意义，从儿童的角度看待发展；目标导向的教育活动与家长需求、儿童发展之间的互动和冲突。基于这一理论，本研究的目的不仅在于关注师幼互动的普遍性，也会通过微观的分析关注师幼互动的发生，关注儿童如何在参与活动中转变，如何在与成人和同伴的互动中实现学习。

二、具身认知理论

20世纪60年代以来，认知主义一直是心理学的主流，在20世纪80年代以后，受哲学认识论的影响，逐渐引发了对认知科学的哲学思考，许多心理学家开始从具身的视角来看待认知的过程，具身认知逐渐成为一种新的取向和趋势。具身认知（embodied cognition）强调个体的生理体验与心理状态之间存在紧密的关联，认为人的生理体验能够激活心理的感觉。[1]

---

[1] BARSALOU L W. Grounded cognition[J]. Annual review of psychology, 2008(59): 617–645.

叶浩生综合已有关于具身认知的研究，指出具身认知应从三个方面来理解。首先，认知的过程是受身体的物理属性影响的。人的认知是通过身体的体验与活动方式逐渐形成的，表明身体在认知的过程中发挥着至关重要的作用。其次，认知的内容也是由身体提供的。[1] 正如吉布斯指出："人对身体的主观感受以及身体在活动中的直接体验，为其用语言和思想提供了基础内容。认知就是身体与物理、文化世界互动时发生的。"最后，认知是具身的，大脑是嵌入（embedded）身体的，身体则是处于环境之中。具体来讲，认知、身体和环境组成了一个动态的整体，认知的过程和认知状态可以延伸至个体所处的环境中，外部世界也是与知觉、记忆、推理等过程相关的信息储存空间。[2] 杜威也曾指出：身体和经验不能绝对分开，一切理性思维都要以身体为基础。师幼互动的发生在一定程度上关系到儿童的情绪、情感发展和认知的发展，教育教学活动中的师幼互动不仅要关注儿童的认知发展，同时也需要关注儿童的情感和身体的参与，在互动的过程中关注儿童情绪情感和认知的微观发生，关注互动中的个体差异，让互动适合儿童的个性化特点。

具身认知理论认为，认知是个体在实时环境中产生的，强调储存在个体记忆中的认知信息并不是抽象的符号，而是具体且生动的，是与身体的特殊感觉通道相关联的。长期以来，有关学前儿童数学学习与发展的研究都基于认知主义的理论，随着哲学、文化人类学、人工智能等学科的发展，认知心理学进入后认知主义（postcognitivism）的变革，具身认知的思潮开始对儿童发展和早期教育产生重要的影响。身体的状态会影响儿童的认知过程，知觉和运动系统在儿童概念形成和推理过程中具有基础性作用，[3] 身体与外部环境互动时，大脑通过特殊的感觉和运动通道形成特定的心理状态，构成概念加工基础的正式处于特殊通道系统的心理状态的复

---

[1] 叶浩生.具身认知:认知心理学的新取向[J].心理科学进展,2010,18(5):705-710.
[2] GIBBS R W. Embodiment and cognitive science[M]. Cambridge,MA.:Cambridge University Press,2006:17.
[3] ANDERSON M. Embodied cognition:A field guide[J]. Artificial intelligence,2003,149:91-130.

演（reenactment）。[1] 学前儿童学习的主要方式就是操作，身体和动作的参与为其认知发展提供了重要的基础，儿童在操作中实现动手和动脑的统一。从本质上讲，心智和认知并非使用抽象符号的表征和加工，而是一种模拟，这种模拟是身体、环境和心智互动过程中产生的知觉、运动和内省状态的复演。[2] 儿童在数学活动的操作中，通过这种身体、环境、心智的互动，实现认知的发展。此外，具身认知还强调，认知并不是狭隘的，仅仅发生在个体头脑中的过程，需要将身体，以及身体所处的环境中的方方面面包含在儿童的认知加工中。[3] 因此，我们在理解儿童的认知并产生互动时，需要将儿童放置在其所处的环境中，将儿童、行为和环境看作一个整体，综合考虑，强调儿童的能动性，以及其与环境的相互作用和动态互动，[4] 这对早期教育具有重要的启示。学前儿童，一方面语言发展还不完全成熟，常常会用身体语言、动作或手势来进行表征；另一方面，儿童也会借助教师的身体语言以及自己的身体进行多通道的感知和学习。具身认知，强调儿童的认知是在具体的情境中发生的，储存在记忆中的信息是具体形象的，能够与身体的特殊感觉通道相联系。与之相对应的教育教学，也应当关注与儿童身体交流和互动的必要性和重要性，以及儿童通过视觉、听觉、触觉等多通道参与互动、学习和整合的过程。[5] 借助具身认知的视角，使我们更加清晰地看到儿童的身体参与学习过程的重要性，这有助于我们洞察儿童参与互动的过程，通过身体、动作等符号性的话语来深入阐释儿童在互动中的参与和实践方式，同时也有助于教师更全面、更深层次地进行教学设计。

---

[1] BARSALOU L W, SIMMONS W K, BARBEY A K, et al. Grounding conceptual knowledge in modality-specific systems[J]. Trends in cognitive sciences, 2003, 7(2): 84 - 91.

[2] BARSALOU L W. Grounded cognition[J]. Annual review of psychology, 2008(59): 617 - 645.

[3] SHAPIRO L. The embodied cognition research programme[J]. Philosophy compass, 2007, 2(2): 338 - 346.

[4] LAAR T, REGT H. Is Cognitive science changing its mind? Introduction to embodied embedded cognition and neurophenomenology[J]. Theory & Psychology, 2008, 18(3): 291 - 296.

[5] 贾丽娜, 田良臣, 王靖, 等. 具身教学的设计研究：基于身体参与的多通道整合视角[J]. 远程教育杂志, 2016, 34(1): 82 - 89.

三、行动者网络理论

20世纪80年代中期，以法国社会学家卡龙、劳和拉图尔为核心的科学知识社会学的巴黎学派，对实验室研究遇到的"内部"和"外部"、"知识"和"社会"、"宏观"和"微观"问题进行了分析，并结合实验室人类学研究及法国后结构主义，提出了新的研究纲领，即行动者—网络理论（actor-network theory，简称ANT）。这里的"行动者"可以指人，也可以指非人的存在和力量。拉图尔从行动者—网络理论出发，考察了各种人和非人要素的相互作用，从文本到实验室再到自然，将其诠释为一种以技术为中介并负载权力的创造和解决争端的社会建制。拉图尔直言，使用"actor"或"agent"并不对他们可能是谁和他们有什么特征做任何假定，他们可以是任何东西——可以是个体的或者民众的、拟人的或非拟人的。"行动者网络"中的"行动者"之间关系是不确定的，每一个行动者就是一个结点（knot或node），结点之间经通路连接，共同编织成一个无缝之网。在该网络中，没有所谓的中心，也没有主—客体的对立，每个结点都是一个主体——一个可以行动的行动者，彼此处于一种平权的地位。主体间是一种相互认同、相互承认、相互依存又相互影响的主体间性关系。非人的行动者通过有资格的"代言人"（agent）来获得主体的地位、资格和权利，以至可以共同营造一个相互协调的行动之网。

行动者网络理论的理论概念，尚且没有明确的界定，与其他社会理论相比，拉图尔的行动者网络理论有其独特之处：（1）理论中授予非人（non-humans）以行动者的角色。如果一项研究中将非人因素确定为一种代理者的身份，可以将其划分在行动者网络理论的理论范畴中。（2）检查如何进行科学解释。在拉图尔的行动者网络理论中，他试图消解科学知识社会学对"社会"所设定的本位论地位，打破社会的稳定性，例如，麦尼尔（Mcneill）引入"集合"的概念，将人类、小白鼠、病毒、微生物都纳入其中。（3）致力于坚持分化和解构。拉图尔主张打破二元对立模式，在网络中重新"召集"社会，将社会描述成一个动态发展的过程。

"行动者"概念包括了科学实践中的一切元素，既可指称人（actors），也可指称非人的存在和力量（actants）。凡是参与到科学实践过程中的所有因素都是行动者,行动者存在于实践和关系之中,异质性(heterogeneity)是其最基本的特性,表示不同的行动者在利益取向、行为方式等方面是不同的。行动者网络理论强调网络连接的基本方法是"转译"(translation)。这一转译的概念,是指行动者通过不断努力把其他行动者的问题和兴趣用自己的语言转换出来。所有的行动者都处在转换和被转换之中,意味着某一行动者的角色是通过其他行动者而得到界定的,即转译是一种角色的界定,只有通过转译,行动者才能被组合在一起,建立起行动者网络,在网络之中,行动者之间被期望能建立起稳定的关系。转译表明了行动者之间的相互理解,在符号学意义上反映了行动者之间的相互作用,可以把来自社会和自然两个方面的一切因素纳入统一的解释框架。行动者网络概念中,各类的行动者在结合为网络的同时塑造了网络,打破了人与非人的区别,不管是人类还是非人类都被看作是网络中的行动者,不应该将有生命的同无生命的、个人的同组织的加以区分,因此没有内部和外部的二元区分。基于这一观点探讨幼儿园教室里的互动,使我们能够从更微观的视角分析和探寻发生在幼儿园教室场域里的微观互动,包括师幼之间的互动,也包括教室环境中一些人和非人的存在"行动者"之间的互动,除了关注互动中的"人",也应当注意到互动中的"物"所发挥的作用,能够进一步拓展已有的师幼互动研究,为探究互动提供微观的视角。

劳认为,"网络(或系统)结构反映的不仅是对有效解决问题的关注,而且是它们能够聚集的和由各种成分所展开的力量之间的关系"[1]。各成分之间存在着差异,某些成分比另外一些更具顽固性(obduracy)和力量性,如果要结束各种力量的冲突,它们必须以适当的方式并置(juxtaposition)起来。总的来讲,劳的异质网络建构需要经历四个步骤:(1)关注相关社会群体的目标或者说"脚本"如何形成;(2)动员(mobilization)所需的资源;(3)并置相关的行动者;(4)分析各元素或行动者的顽固性。值得注意的是,这个网络是动态的,网络中的行动者是平等的,任何人和物在决定社会变迁的特征时并不具有某种优势,要关注行动者和组织间的并置

---

[1] 郭明哲.行动者网络理论(ANT):布鲁诺·拉图尔科学哲学研究[D].上海:复旦大学,2008.

和相互作用过程。总的来说，劳在行动者网络中强调关系和过程的概念，把行动者网络看作是一个动态的过程，其相对的稳定是网络中的异质行动者相互作用、相互影响的结果。从这一"网络"建构的视角出发，探究幼儿园教育教学活动中的互动，有助于我们动态地看待教育教学中的"互动"并非是具有固定的课堂结构（如 I‑R‑E 结构）的互动过程，在这一动态的过程中，存在于这一特定环境或背景中的人、物、非人的元素都参与在整个互动的过程中，并且相互影响、相互作用。这种分析能够打破已有关于师幼互动的二元结构，或仅仅关注教师、幼儿之间的语言和非语言的互动行为，能够唤起我们关注这一互动环境中的一切人与非人的存在及其相互作用的过程，拓展探究互动的边界。

第二节　幼儿园集体教学活动中的互动分析

数学教学活动是国内外课堂互动分析领域较为关注的情境之一，[1] 同时教学活动中的师幼互动水平也是衡量早期数学教育质量的重要指标。[2] 早期数学教学活动一方面要引导儿童理解数学领域的核心经验，另一方面也强调要关注儿童在情境化、游戏化和生活化的活动中进行社会互动。对幼儿园集体教学活动中的师幼互动进行微观情境分析，有助于我们洞悉儿童早期数学学习的方式和特征。数学活动中适宜的话语互动一方面有助于启发儿童思考，发起话题，另一方面也有助于教师实时评估儿童在数学活动中的表现，并提供适宜的鹰架。[3] 正如米恩（Mehan）指出，情境是社会互动的核心要素，教育事实是在互动中建构出来的，所以我们需要在教

---

[1] COBB P, WOOD T, YACKEL E, et al. Characteristics of classroom mathematics traditions: An interactional analysis[J]. American educational research journal, 1992, 29(3): 573–604.

[2] MCGUIRE P R, KINZIE M, THUNDER K, et al. Methods of analysis and overall mathematics teaching quality in at-risk prekindergarten classrooms [J]. Early education & development, 2016, 27(1): 89–109.

[3] COHRSSEN C, CHURCH A, TAYLER C. Purposeful pauses: Teacher talk during early childhood mathematics activities [J]. International journal of early years education, 2014, 22(2): 169–183.

育情境中去研究互动,从而理解学校教育的本质。[1] 已有文献中关于师幼互动的研究较多,多数研究采用以量化教师行为的静态方式来评估师幼互动的质量,但鲜有研究聚焦早期数学活动中师幼互动的微观情境分析。本研究基于幼儿园数学教学活动情境,透过语言和符号的形式,以动态分析为主来洞察幼儿园数学教学互动中发生的社会实践,继而分析儿童的学习过程,探究幼儿园数学教学活动中互动的结构,教师、儿童、学科知识、物(教具)之间是如何产生互动的,早期数学学习中抽象的学科内容如何与儿童的已有经验产生联系,话语结构是如何影响儿童学习的,儿童的身体是如何在特定的环境中组织学习的,以期为教学活动中师幼互动质量的提升提供依据和支持。

一、研究对象与方法

(一)研究对象

本文中互动分析数据是 S 市一所示范园中班的数学教学活动的节选片段。在这一活动情境中,共有 8 名 4~5 岁的儿童,一名女教师(J 教师,32 岁,小教高级)。集体活动的教学内容聚焦"图形的特征",活动名称为猜图形,活动的目标为感知图形的特征,尝试用相关语言进行描述;在游戏中体验乐趣。活动分为三个环节:第一环节(导入环节),认识图形,教师出示图形卡片,与儿童进行互动问答,巩固基本的图形特征;第二环节,摸图形,感受图形的基本特征,请一个人把手伸进箱子,说说自己摸到了什么图形,其他人可以透过箱子的玻璃看看他说得对不对;第三环节,一名儿童在箱子中摸图形,说出图形的特征,其他的孩子猜测是什么图形。此处节选片段为本次教学活动的导入环节,其主要内容是引导儿童回顾一些基本图形,并简单地说出图形特征,教师出示图形卡片,儿童对图形进行简单的描述。采用的数据源是该活动导入环节中的一段约 2 分 24 秒的视频。截取该视频"导入环节"中的部分情境,依据埃里克松的微观情境分析法,即从整体到局部的分析方法,经过 5 人反复观看讨论,一致

---

[1] MEHAN H. Learning lessons: Social organization in the classroom [M]. Cambridge, MA: Harvard University Press, 1979: 5-6.

认为该环节的一名儿童出现的图形认知与个体经验上的冲突具有一定的微观分析价值,同时该导入环节反映了儿童在集体教学活动中逐渐进入的过程和教师的教学带入方式。

(二) 研究方法

1. 视频微观情境分析

采用基于视频的课堂互动分析方法。该方法主要聚焦微观、实时、具体的情境,观察教师、儿童的身体是如何参与并影响学习过程的。[①] 基于视频的课堂互动分析法之一,即埃里克松提出微观情境分析法,即从整体到局部的分析方法,多台摄像机从不同角度录制课堂情境中的师生互动,在进行视频选择时,首先从头至尾完整地观看所有的视频,并做观察笔记;随后重新完整地观看所有视频,但在必要的时候暂停、回放、重看,识别主要的单元和参与结构及其转换的边界,最后在识别出的片段中,选择一个参与结构单一、研究者认为有分析价值的片段,对其进行细致的转录。[②] 此处选用这一研究方法的意义在于:首先,它并非关注话语量和话轮(turn)等层面的话语分析,而是更加关注情境——情境中的"人"和"物"等一切相关因素,能够较为微观地聚焦儿童的具身认知,而且该方法基于视频的素材有助于我们反复、细致、动态地分析儿童数学学习的过程;其次,这种方法能够使我们通过反复地观看视频,洞察教师和儿童与其所浸入的情境中的"物"之间的互动,有效地支持我们理解和阐释儿童学习过程的可能性。基于此,研究者经过多次反复观看视频数据,对活动情境形成整体的认识,随后截取了导入环节的一段约为2分24秒的片段,并对视频进行反复、慢速、多人观看,对所选片段的代表性进行检验,最终确定节选视频的可分析性。

[①] 肖思汉,德利马. 基于视频的学习过程分析:为什么? 如何做?[J]. 华东师范大学学报(教育科学版),2017,35(5):55-71.

[②] ERICKSON F. Definition and analysis of data from videotape: Some research procedures and their rationales[C]//GREEN J L, CAMILLI G, ELMORE P B. Handbook of complementary methods in education research. Mahwah, NJ, US: Lawrence Erlbaum Associates, 2006: 577-580.

2. 基于视频的访谈

基于视频访谈的目的在于跳出分析者的他者视角,[①] 探寻当事人（或与当事人相似背景的人）对事件的本土理解和意义建构，以视频为辅助会有助于唤起被访谈者仿佛置身情境的感受与认识，促进讨论的开展。本研究后期基于截取视频，选择了两位教师进行访谈（如表5-2-1），其中C教师是特级教师，是儿童数学教育教学名师，Z教师是学前教育专业研究生，主要研究方向为学前儿童数学教育，是新入职一年的教师。选择这两位教师访谈的目的在于，从教师知识的构成来看，C教师具有丰富的实践性知识和条件性知识，Z教师刚走出学校，具有较扎实的本体性知识，两位教师会从不同的角度对视频中的教学片段进行分析，有助于研究者深入理解教师教学领域教学知识的发展以及教师教学行为背后的逻辑。本研究并未选择视频中的J教师进行访谈，因为视频的录制是在较为自然的状态下进行的，考虑到如此微观的分析和访谈，可能会对J教师造成一定的心理压力，影响后续拍摄，但在活动之后，J教师也曾主动与研究者讨论过一些有关教学的反思，有助于研究者深入分析。在访谈之初，研究者分别与两位教师观看视频，并围绕视频中的教学行为和儿童表现以及幼儿园的数学教学活动展开非结构性访谈。

表5-2-1 访谈教师的基本情况

访谈对象	年龄	教龄	学历	职称	所在园所
C教师	56岁	34年	本科	中教高级	示范园
Z教师	25岁	1年	研究生	小教一级	示范园

（三）数据收集与整理

研究者对节选的2分24秒的视频进行多次细致的观看后，将其中发生的师幼言语和非言语之间的互动过程进行文本转录。由于互动过程中，师幼之间的座位关系是造成认知冲突环节的重要因素之一，因此也对视频中呈现的座次关系进行了简单的图示（如图5-2-1），并对关键的互动情境进行了截图和制作分析。在对视频进行转录的过程中，为尽量克服转

[①] 肖思汉.听说:探索课堂互动的研究谱系[M].上海:华东师范大学出版社,2018:100.

录偏见,将言语和非言语行为置于平级,①按照对话的言语发生顺序交错录入对话文本。转录的文本由多人参与观看,另一名研究者参与复验,以提高转录的信效度。文本的转录方式和转录符号的使用采用话语分析领域常用的杰弗森(Jefferson)符号系统②来进行。最后,对访谈内容进行转录,将有关视频的访谈内容与视频的转录内容进行整理和归类,形成原始文字资料约1.5万字,通过反复观看视频和阅读文字资料,从中提取相关信息点进行分析。

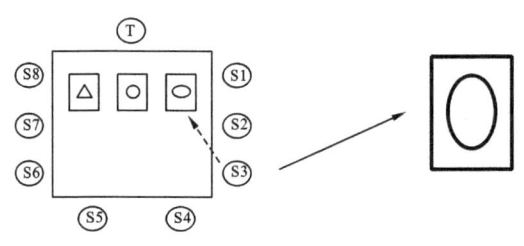

图 5-2-1 座位分布及 S3 观察角度示意图

二、基于视频的微观分析

自20世纪下半叶以后,西方哲学界开始盛行打破传统二元对立结构的思潮,例如,主体间性/际性等概念受到了极大的推崇和重视。社会建构论也沿袭了这一思潮,主张科学知识是多个主体之间的协商共享,摒弃了笛卡儿式的独自面对"机械般的客观自然"。在社会建构理论的不断发展中,关于学校场域的研究也逐渐开阔了新的视野,课堂互动分析也从关注语言转向到身体转向,从本研究节选的课堂互动情境中可以看出,在儿童早期的学习中身体的参与和学习尤为突出,儿童早期的经验与抽象数学知识之间"物"的重要性,在儿童早期数学学习的活动中,呈现一些值得探寻的边界。

---

① 肖思汉.课堂影像拍摄与转录的若干议题:基于互动分析方法的探讨[J].教育学报,2013,9(2):44-50.
② 该符号系统可参见:ATKINSON J M, GREEN J L. Structures of social action: Studies in Conversation Analysis [M]. New York: Cambridge University Press, 1984:101-121。下文中使用的:::表示语音延长;___表示语气加重;[ ]表示同时发生;=表示没有时间间隔;↑表示音量上升,( )中的内容主要是教师和幼儿的表情、动作等。

(一) 认知建构：领域（学科）知识与儿童经验的碰撞

本次研究选取的片段中，教师和儿童围绕图形展开了讲述和讨论，J教师指出，本活动是基于学科知识以及幼儿园中班数学在图形部分的要求设计的。在活动的实施中，J教师将学科知识（本节主要指幼儿园数学领域的核心经验，图形特征，4~5岁[①]），转化为与儿童之间的言语交流，从而引导幼儿理解图形的基本特征。儿童阶段的学习更多强调整合性和经验性的学习，但无论幼儿园课程的形式如何，儿童学习与发展的内容是客观存在的，领域的核心经验依然是教师设计和实施课程的依据。两位教师在访谈中均指出，在早期数学教育中，抽象的学科术语并不适用于直接教学，通常教师会将学科术语转化成适宜于儿童理解的数学语言，这是早期数学教学的难点之一。在本研究的案例中，教师和儿童围绕三角形、圆形和椭圆形展开讨论，重点在于引导儿童表达这些图形的基本特征，并没有强调概念术语层面的表达。对话如下所示：

T：这是什么图形？

S全：三角形……

T：为什么它叫三角形？（指向S3）来，你说说看！

S3：因为它有三个↑角。

T：你指给我们哪里有三个角？

S3：（起身，手指指向三角形）1，2，3。（T与S3一起数1，2，3）

…………

T：（点头）真的是三个角。哦，你说了（看向S8），还有一个特点，就是它有几条边，说出来，有几条边？

S全：=3条↑

…………

T：（将图片移至中间）好，你看，三条边，三个角（手指画出轮廓），所以它叫三角形（将图片移至右手边）。好，第二个图形（拿出图片），[认不认识？]

[①] 黄瑾,田方.学前儿童数学学习与发展的核心经验[M].南京:南京师范大学出版社,2015:273-287.

S全：［圆形。］

T：哦，圆形，它有没有角？

S全：没有。

T：（指向图片）它没有这样的角，那它的边怎么样？

S全：圆圆的（S4在空中用手指画出圆的轮廓）。

图 5-2-2　S3 指向三角形　　　　图 5-2-3　S3 指向椭圆

这种鼓励儿童用自己的表达去澄清对概念的理解，符合儿童数学学习的特点。此外，教师在引导儿童描述之后，引发儿童说出生活中的什么像圆形，这使儿童将生活经验与学科知识之间建立关联，能够在各自的经验水平上理解图形的特征。

T：接下来这个图形（拿出第三张图片——椭圆）［认识吗？］

S全：=　　　　　　　　　　　　　　　　　　　　　［椭圆形。］

T：椭圆形，有没有尖尖的角呢？

S全：=没有。

T：也没有啊？那它的边怎么样？

S3：（起身，用右手指向椭圆图片，将图片90°旋转过来）你放反了。

T：哎哎:::这样放是椭圆形（两手将S3转过去的椭圆再转回原来的方位），这样放（原来的放法）是不是椭圆形（看向S3）？

S1：=也是椭圆形。（S1从座位上看到的椭圆形与从S3坐的位置看到的椭圆形的直观图像不同，S1看到的直观画面就是S3所在位置翻转后的画面，如图5-2-3）。

T：也是椭圆形（看向S1，S3坐下，抿住嘴巴，双手合在一起），对呀，不管怎么看都是椭圆形，（S3双手托腮，看向S5—S7方向，不再关注图形）那它的边怎么样？（T看向S4—S6方向）

S1：=没有边。

在圆形之后，是"椭圆形"的部分，如上对话所示，在师幼互动中出现了明显的认知冲突，当教师呈现椭圆形的图片时，S3迅速指出教师把图片放反了，其他儿童并未出现共鸣，教师将图片再归回原位时，S3的疑惑似乎并没有消除。访谈中，C教师表示："一般在这种情境下，我会停下来，和孩子们一起搞清楚问题出在哪里，而不是这样一带而过，年轻教师会着急完成教学内容，常常会这样，不可避免，但是我们有经验后，就会觉得越是这种时候，和孩子展开讨论的意义就越大，是很重要的教育契机！"C教师作为经验丰富的特级教师，常年带教年轻教师，认为一些年轻教师常常会急于流程化地完成教学任务而忽视教学的"突发事件"。Z教师看到这一环节也表示："现在我再看，可能就会觉得这个地方比较明显，教师没有顾及这个孩子，但是如果是我自己上活动，我可能也会这样，因为这个孩子突然打断，这样会耽误整体进度，特别是观摩活动的时候，就会着急，从容地处理这种情况还是挺难的！"可见，这些"突发情况"既是挑战也是契机，不同的教师，不同的活动情境会产生不同的效果。那么S3为什么会出现图片放反了的疑惑？教师是如何反馈的？教师的反馈是否有效？

T：跟圆形一样，它没有角，它的边是（两手在空中画椭圆的形状）圆圆的，弯弯的（再次用两手在空中画椭圆的形状），对不对？

S1：=对。（S4举手）

T：那什么它不叫圆形？（手指着图片）它要叫椭圆形？（S4举手挥手）

S7：=因为……（S3举手）

S8：因为它像鸡蛋。

T：像鸡蛋：：：哦……

S7：因为这个没有它圆（手指向圆形）。

T：哦，它是（教师两只手在空中）扁扁的（右手在下，左手在上，左手向下压，表示扁扁的样子）对不对？

图5-2-4 教师用手势表示"扁扁的"

S5：有点压扁了……

T：有点压扁了，所以是椭圆形（S3举手，抿嘴），它（指向圆形）没有被压扁，椭圆形（指向椭圆形）被压扁了，好，接下来……（S3一直举手）

如上，在后续的讨论中，S8提出"它像鸡蛋"，这一句回答似乎解释了S3的疑惑。儿童在早期进行图形认知时，都是从生活中来，到生活中去，首先关注日常生活中物体的形状，再与幼儿园教学中具体的图形知识建立关联，从而对图形进行识别、命名，掌握图形的基本特征。多数图形认知活动中，教师都会强调"发现和寻找生活中的图形"，因此，可见儿童对图形的认知是建立在对日常生活中物体认识的经验基础上的。S3对椭圆的认识，可能来自生活中对鸡蛋的观察，依据生活中常见的鸡蛋的放置方式，S3认为教师的椭圆形"放反了"。这正是儿童将生活经验与学科知识之间建立关联时产生的认知冲突，即儿童知识的建构过程不是随意发生的，而是在受到认知冲突的激发时便会产生，即同化或顺应。同时这也是一个教育契机，教师可以抓住认知冲突的核心展开讨论，引导儿童进行知识的建构。但案例中教师将图片又重新转回原来的位置，强调这样放是不是椭圆形时，S3幼儿摇头表明他仍然存疑，教师的直接过渡，表现出对儿童经验的忽视，没有进一步追问和解释，儿童仍然不能深入地理解"什么是椭圆""当椭圆形的摆放方式发生变化时，它还是椭圆形吗"这些问题，同时，从后续分析中可以看出这一冲突使S3进入了短暂的困境。

（二）话语结构：单一的I-R-E模式与儿童杂语的交锋

在课堂话语研究中，一直较为关注师生或生生之间互动的"参与结构"（participation framework）。卡兹登指出，传统课堂教学的主要话语形式，即I-R-E构成的序列：教师引发（teacher initiation）、学生回应（student response）和教师评价（teacher evaluation）。这种I-R-E模式最为明显的形式就是教师主导——不只是控制话题的发展，也控制话语的轮次（turn）。长期以来，I-R-E被认为是最基础、最根本的课堂互动模式，教师应该掌握这种模式。可以看出，本研究案例中，基本的话语结构即I-R-E，少量的I-R-F（teacher initiation—student response—teacher feedback，教师触发—学生回应—教师反馈）结构，[①] 教师呈现图片引发儿童回答，儿童回应教师的期待性答案，教师进行反馈，还有出现I↔R，即只有提问—回答，并没有反馈的回路。例如：

T：哦，圆形，它有没有角？

S全：没有！

T：（指向图片）它没有这样的角，那它的边怎么样？

S全：圆圆的（S4在空中用手指画出圆的轮廓）。

米恩（Mehan）也指出，I-R-E模式常常又是以不完整的I-R出现，例如教师的评价并不立刻出现，而是等待学生一个接着一个反应后才做出评价，形成I-R-R-E模式，或者教师并不立刻评价，接着问下一个问题，学生回应后才做出评价，形成I-R-I-R-E模式。这些模式在本案例中都有出现，但值得注意的是，教师的提问引发的思考并不多，儿童都能够基于已有经验回答，这种形式并不能有效地促进学习，因为在这个结构模式中，教师作为"引发"的权力方，主导着整个话语过程，而儿童的话语则相对受到压抑，正如S3对"椭圆是不是放反了"的疑惑。在我们经常观察到的集体活动情境中，教师在引发问题后，有些问题并没有等待儿童思考回答，便又换下一问题，这样的问题引发，即"假性引发"，并未引发真正的互动。在本案例中，可以看出师幼之间的话轮转换较为频繁，但可以从对话内容看出，儿童发起的互动较少，以教师行使话语权为主，这正体现了I-R-E结构的稳定性，即教师引发的多数是答案已知的问题。访谈中C教师指出："我们的数学活动中很容易出现这种一问一答的形式，因为数学问题和语言活动中的问题不一样，常常会有'正确、固定'的答案，也显得容易高控，但是我觉得越是孩子容易出现问题的地方，回答'不对''犹豫'的地方其实最有意思，最适合展开讨论，看看他们是怎么想的，也最能体现一个教师的功力。"数学活动除了对知识和技能的传递，正如C教师讲的，越来越重视数学问题情境中的交流和讨论以及对儿童数学思维的培养。因此，I-R-E结构的课堂话语所

[①] WELLS G. Reevaluating the IRF sequence：A proposal for the articulation of theories of activity and discourse for the analysis of teaching and learning in the classroom ［J］. Linguistics and education, 1993, 5(1)：1-37.

体现的就是指向信息识记的教学方式,即以程序性教学为主,目的在于"灌输"给儿童相应的核心经验,较少会针对儿童疑惑的真问题展开讨论,在这种教学形式中,儿童学会的是个人化的课堂常规,动态地匹配一种与教师头脑中的期待相一致的"答案"或教学模式,这种个别化的"匹配"活动并不是对图形基本特征的建构,而是对程序性教学模式的建构。

(三) 具身学习:师幼双方认知和情感参与的涉身性

在已有的师幼互动研究中,通常聚焦师幼之间的话语量、话语轮、教师的提问和反馈等,关注言语的互动较多,对于非言语的身体互动虽有所关注,但是鲜有细致的身体互动描述。中班儿童一方面语言发展还不成熟,常常会用身体动作来补充说明;另一方面,儿童也会借助教师的身体语言以及自己的身体进行感知和学习,身体、动作的交流也是教学的重要手段之一。具身认知,强调儿童的认知是在具体的情境中产生的,储存在记忆中的信息是具体形象的,能够与身体的特殊感觉通道相联系。[①] 与之相对应的具身教学,也强调师生之间身体交流互动的重要性,以及学习者视觉、听觉、触觉等多通道参与整合的过程。[②] 借助具身的视角,使我们更加清晰地看到师幼双方的身体是如何参与学习过程的,有助于我们洞察儿童数学学习的过程,通过身体、动作等符号性的话语来深入阐释儿童在互动中的实践方式,同时也有助于教师更全面、深层次地进行教学设计。

教师在解释图形特征时,常会通过语言和手势相结合的方式开展,儿童在理解时同样会用到身体,身体体验为语言和思维提供了基本的中介。教师在解释"圆圆的"时,都会用双手来示意圆的轮廓,儿童在这种对圆的轮廓感知的过程中,与日常生活中的经验相联系。如下:

T:(看向 S4) 有些圆形的石头,是吗?(两手一起比画圆形,看向 S1 和 S3 方向)

S1:饼。

T:饼,哦,对,圆圆的饼(看向 S7 和 S8,两手呈现圆形的轮廓姿势)。你看,皮球……

[①] 叶浩生.具身认知:认知心理学的新取向[J].心理科学进展,2010,18(5):705 - 710.

[②] 贾丽娜,田良臣,王靖,等.具身教学的设计研究:基于身体参与的多通道整合视角[J].远程教育杂志,2016,34(1):82 - 89.

S1：比萨。

T：（看向 S1）车轮，这些东西都会滚来滚去（手势用两只手比画圆形轮廓，转变为两手做翻滚状）（S3 一直举着手）。

图 5-2-5　教师用手势表示"圆圆的"　　图 5-2-6　教师用手势表示圆形轮廓

S3 幼儿所坐的位置（如图 5-2-5）对其理解教师所出示的卡片上的椭圆图形产生了一定的影响，其认知的过程受到了身体的位置和运动的影响。而 S1、S2、S7、S8 幼儿所在位置，恰好与他们对椭圆的生活中认知经验相一致——"像站着的鸡蛋"，所以儿童的身体位置、运动在一定程度上影响着他们对物体的观察，这种相对位置的差异，是造成 S3 认知冲突的原因之一。

此外，认知依赖于身体的体验。吉布斯（Gibbs）认为个体对身体的感受和身体在活动情境中的体验，一定程度上为其语言和思想部分地提供了基础信息。[1] 身体的体验会影响儿童认知的内容、方式以及认知的结果。儿童早期对于图形的认知是一个"从生活中来再到生活中去"的过程，本环节中儿童都是不同的主体，在面对"椭圆"这一认知对象时，各自身体状态主导的体验方式和结果的不同造成了各自不同的认知方式和结果。可见，儿童的认知受自身的身体感知、体验影响，即认知借助身体的体验性。

视频中的动作、表情等反映了儿童在互动中具身学习的过程，不仅仅

---

[1] GIBBS R W. Embodiment and cognitive science[M]. Cambridge, MA: Cambridge University Press, 2006:17.

是认知的参与，也呈现了情感的参与。儿童的身体是嵌入（embedded）环境中感知和体验的，认知、身体和周围环境构成了动态网络。钟晨波和莱奥纳尔代利（Zhong & Leonardelli）的实验表明：个体在与他人接触过程中，对方态度上的冷淡或是热情，会导致个体产生冷或热的身体物理感受。[1] S3 幼儿在互动中，表现出对椭圆摆放方式的质疑，教师的"纠错"导致 S3 产生了"冷"的身体物理感受，在后续的活动中参与的积极性降低，教师错失了引发儿童具身效应的契机，S3 在互动中并未获得积极的情感支持。细节描述如下所示：

T：哎哎::::这样放是椭圆形（两手将 S3 转过去的椭圆再转回原来的方位），这样放（原来的放法）是不是椭圆形（看向 S3）？

S1：=也是椭圆形。（S1 从座位看到的椭圆形与从 S3 坐的位置看到的椭圆形的直观图像不同，S1 看到的直观画面就是 S3 所在位置翻转后的画面，如图 5-2-6）。

T：=也是椭圆形（看向 S1，S3 坐下，抿住嘴巴，双手合在一起），对呀，不管怎么看都是椭圆形（S3 双手托腮，看向 S5—S7 方向，不再关注图形），那它的边怎么样？（T 看向 S4—S6 方向）

S1：=没有边。

T：没有边？↑这个就是它的边。它的边怎样？

T：（指向 S2）来，小南。

S2：（S2 站起来，指向图片，右手指画圈）这个是椭圆形的边（坐下）。

（S3 站立起来，摇头。）

总的来说，儿童早期在学习类似抽象概念时，会与自身已有的经验相结合，教学情境的合理设置和渲染为具身反应和体验创造了条件，教师在创设物理环境和准备玩教具时，可以充分考虑儿童的具身反应，并在教学中进行实时有效的调整，从而促进儿童进行具身学习。

---

[1] ZHONG C B, LEONARDELI G J. Cold and lonely: Does social exclusion literally feel cold? [J]. Psychological science, 2008, 19(9): 838-842.

（四）多方互动："人"与"物"作为行动者的共在网络

基于社会建构主义的视角，在课堂场域中，所有的实体和非实体（例如规范、权力、学校制度等）都是课堂的参与者，除了师生的互动，课堂环境中的"物"也会参与到师生之间的互动中。从拉图尔的行动者网络理论（ANT）来看，[1] 课堂活动也是一系列的行动，这些参与者都是课堂网络中的行动者（actor 或 actant），教师、学生和非人的"物"（non-human actant）都存在于课堂关系中，教师和学生通过对其他行动者的参与进行解释和界定，促使行动者之间进行言语和非言语的互动，各种复杂的因素交织在一起，在共同的目标指引下实现课堂网络的整体建构。在课堂互动网络中，越来越多的非人行动者涌现，并直接或间接地介入人的互动，师生双方作为行动者同样对制度、资源、规范、权力、机会等保持着一定的敏感性。行动者网络理论强调平等地看待异质行动者，这为我们关注课堂话语分析中的"物"提供了理论支持，同时基于视频的分析，有力地支持我们识别和追踪课堂网络中的非人行动者，并进一步分析它们对师幼之间互动产生的影响。

在本案例中，师幼之间的互动，伴随着异质行动者的参与，例如教师提供的图片教具（椭圆图片）、儿童的座位等等，这些行动者都参与到课堂网络中，并发挥着一定的作用。我们在这个情景中关注的不再只是师幼之间的互动频率、互动机会等，而是各个行动者之间的关系，因为这些关系都会影响师幼互动和活动中师幼双方的身份认同，正如案例中的图片教具及其呈现方式，成为引起冲突的因素之一。在本案例活动情境中，随着"物"（媒介）的纳入，该网络中的一些更具影响力的行动者（教师）会说服和约束所有行动者（主要是儿童）沿着拟定的方向（即课堂中的教学目标）行进，这个方向就是由具有力量的行动者（本活动中的教师）决定的。"物"（椭圆图片）在一定程度上影响了师幼互动，即在教师预设的情境下，由于"物"的出现 S3 表达了自己的想法，但是这个行动者网络并没有因此而调整，在教师的"纠正"下，平稳地

---

[1] LATOUR B. On actor-network theory: A few clarifications[J]. Soziale Welt, 1996, 47(4): 369-381.

进入了预设的脚本。儿童要想成为积极的学习者，在课堂上发挥力量，就要具有一定的行动，如 S3 指出椭圆放反了，随着这种力量的不断加强，即有更多能够和愿意表达质疑的儿童出现，他们就会成为课堂网络中稳定的部分，但显然在本案例中，S3 的行为并未受到其他儿童的支持和延伸，整个活动仍然按照教师的脚本继续开展。需要强调的是行动者网络是动态、可变的，即在课堂网络中，师幼之间的互动关系会随着行动者的多方参与而不断地发生变化，教师作为有力量的行动者之一，应当能够不断地进行转译，调整行动者网络，尽可能地维护行动者的共同利益。

第三节　教学活动中的互动特征及拓展

基于上一节的分析可以发现，儿童在理解抽象概念时，是建立在已有经验、身体的感知和体验，以及情境中的互动的基础上的，集体教学活动是促进个体经验与集体学习相碰撞、融合的方式，能够引发个体不断地产生新的冲突和认识，在这个集体活动（课堂）的场域中，表现出个体与集体的空间维度，儿童能够具身体验到比个别化学习更丰富的信息。但幼儿园集体教学中仍然体现出教师对儿童掌握知识技能的过分关注，和对儿童说出"正确答案"的期待等行为，这样一些传统的教学信仰和方式虽然能够在短期内看到儿童在知识技能上的提升，但却忽视了儿童作为学习主体的学习动机和身心感受。基于此，我们可以不断思考：儿童学习的社会价值是什么？教师可以如何教？

一、基于微观分析的教学活动互动特征

（一）领域知识清晰，缺乏对儿童经验的有效关注

基于分析可以看出，教师教学核心经验清晰，活动的设计具有明确的学科逻辑线索，与儿童进行图形知识的讨论时，也能将数学的核心经验进行有效地表述，但是却忽略了个别儿童表现出的认知冲突，或许这一冲突也可能是一些并未发言儿童的困惑，教师也应当适时地关注这些"突发状况"。正如 C 教师在访谈中所提到的："领域的核心经验为我们组织集体教

学提供了一定的支持,像是抓手,但是年轻教师在组织教学时也要灵活,不能一味地为了输出经验,忽略了儿童当时的体验和感受。"儿童早期的数学学习与教育离不开社会文化的影响,然而如果在教学上完全依附于"学科"(领域)知识的逻辑体系,以填鸭式的程序性教学为主,忽略儿童的经验基础以及所处文化背景中潜移默化的学习方式,学习的目标是为了接受孤立的知识和技能,而不是在操作和实践中认知与学习,就会导致儿童的学习动机更多是为了迎合教师的预设,显然不符合儿童全面发展的目标导向。儿童早期的数学学习并非是对纯粹的数学知识和技能的习得,在我国幼儿园课程的不断改革和推进中,越来越注重儿童数学学习的情境化、游戏化和生活化,早期的数学教育需要跨越数学学科知识的边界,鼓励和激发儿童在文化实践中认知和学习,不断积累解决问题的能力,正如《3~6岁儿童学习与发展指南》中提出的"初步感知生活中数学的有用和有趣",这正是我们在早期数学教育中的核心价值观。从长远来看,儿童早期的教育并不只是关注儿童对抽象知识和实用技能的学习,而应该是对人的发展以及终身学习产生影响。

(二)互动结构单一,反馈质量有待提升

随着幼儿园课程改革,以及对儿童中心主义的推崇,近些年来,我国幼儿园集体教学活动(课堂)中基本建立起了对话关系,但是在集体活动中对话的参与结构(participation framework)仍有待于进一步的探讨。罗谢尔指出,对话互动为学生提供了一种方式去建构递增的复杂的、近似的、合作的科学概念,通过去粗取精,逐渐形成与概念相关的具象的、部分的意义。[1] 儿童早期的数学学习正是如此,儿童很难理解复杂抽象的数学概念,需要在参与对话的过程中,逐渐去建构复杂的概念。在本研究中,师幼参与对话的互动结构主要是I-R-E的话语序列,很少出现I-R-F模式,主要是由教师发起问题,然后由一个(或几个)儿童回应,紧接着是教师对于回应的评价,对于儿童引发的问题,当S3出现"你放反了"的质疑时,教师很快地回应"这样放是不是椭圆形?"当有儿童表

---

[1] ROSCHELLE J. Learning by collaborating: Convergent conceptual change [J]. Journal of the learning sciences,1992,2(3):235-276.

示肯定时,教师很快顺利地过渡到自己预设的脚本上,而 S3 发起的互动失效,教师并没有提供高质量的反馈,可见这种参与结构是教师单方面作用于儿童的,并非师幼之间的双向互动结构,这就导致儿童的参与逐渐成了一种灌输式的回应。

(三)教学行为规范,轻视儿童的具身认知

在本研究中,教师的活动实施完整顺畅,而且教师在讲述图形特征的知识时采用相应的手势和身体局部动作加以表征,这种身体参与既可以帮助儿童理解知识,也有助于教师清晰地表征抽象的数学概念,但也反映出教师对儿童具身认知的轻视。在活动组织与实施中,儿童的身体成了一个"边缘"要素,并未受到重视。在儿童幼小的年龄阶段,身体恰恰是学习的重要基础,认知是身体的认知,心智也是身体的心智,无论是心理过程或者意识体验,都是身体与环境互动引发的,认知和思维都是源于身体,都是身体体验。罗斯、劳丽斯(Roth & Lawless)指出,不鼓励学生利用身体和姿势的学习环境会限制学生的学习。[1] 不同的身体,导致不同的身体体验。不同的身体体验,又造就了认知上的差异,形成不同的思维方式。正如本案例中的 S3 对椭圆形所产生的疑问,可能与他的经验和所坐的位置有关,教师如果长此以往地忽视,就可能造成儿童的情感参与受挫,影响其参与的积极性。

二、幼儿园教学活动中的互动结构拓展

(一)跨越数学学科(领域)知识的边界,构建早期数学学习网络

数学课堂的互动具有文化属性,既要关注师生双方的已有经验,同时也体现出了师幼之间的互动结构及师幼关系,甚至整个课堂环境的关系网络。教师话语的重点在于促进儿童的数学思维和意义建构,因此,教师作为课堂对话的主体之一,在构建课堂学习网络中,也是重要的中介之一,要为儿童提供大量的信息和学习资源,使教育和学习突破时空界限,同时

---

[1] ROTH M W, LAWLESS, et al. Computer modeling and biological learning [J]. Educational technology & society, 2001, 4(1): 13-25.

也要不断地将儿童的数学学习延伸到集体活动以外的一日生活中。[①] 以此，教师应致力于基于行动者网络，构建打破领域（学科）边界和课堂二元结构的学习环境。在这个环境中，允许无限的个体或组织自由行动、创造和实验，教师应该知道，各种潜在的可能成为行动者的人、物或异质存在，例如，准备的材料多和少，材料少时可以鼓励共享，材料多时可以开展平行游戏，等等。恩格斯托姆（Engeström）指出，学习发生的"空间"从学校与教师扩大到更大范围的社群与世界，学习的"时间"，也不只是局限于课程或教学计划规定的实践单元内，而是一个比较长的过程，同时会与不同社群的生活相互回应。[②] 教师在教学活动中应引导儿童考虑自己与周围环境的关系，同时要注意将学习环境从先前预设转向内在生成，使儿童从被动接受性学习转向主动探究，将教学活动从教师主导转向师幼互动、幼幼互动的共建共享（taken-as-shared）的活动，将正式学习与非正式学习并重，引导儿童跨越学科、时间和空间的界限，在生活中学习，在体验中学习。

（二）形成多元对话结构，拓展课堂互动的"第三空间"

教学活动强调要符合儿童的最近发展区，那么，在这种以集体教学活动为主的情境中，一个儿童如何进入最近发展区？是一个儿童单独进入最近发展区，还是多个儿童一起进入最近发展区？这都是值得深思的。在较为固定的课堂互动参与结构中，儿童和教师共同维持特有的防御空间，而不是挑战或者转变控制的脚本，这个脚本多数情况下是教师程序化的教学设计。[③] 教师在集体教学前，通常会设计符合多数儿童已有经验的活动，因此这一活动设计成为一种预设的脚本，当有儿童出现与教师预设脚本不一致的反应时，就需要打破原有脚本，展开新的讨论。古铁雷斯（Kris Gutierrez）等人提出第三空间（third space）作为社会空间的概念，在这个

[①] 郑旭东,王美倩.从离身走向具身:创造学习的新文化[J].开放教育研究,2014,20(4):46-52.

[②] ENGESTROM Y. Studies in expansive learning:Learning what is not yet there [M]. Cambridge,MA:Cambridge University Press,2016:8.

[③] ERICKSON F. Going for the zone:the social and cognitive ecology of teacher-student interaction in classroom conversations[M]. Cambridge,UK:Cambridge University Press,1996:29-62.

第三空间中，教师和学生能够抛弃固有的脚本（例如本案例中的教师预设的学科知识），重新基于学生的质疑展开新的讨论。[①] 因此，教师要不断地意识到互动并不仅仅是人和语言之间的对话，而是行动者和不断变化的行动者之间用来区分经验的内在对话，即把儿童看作是变革的行动者，而不仅仅是知识的被动接受者和建构者。当教师和儿童之间有超越严格脚本（如本案例中教师的教学设计）的对话发生时，一种新的、过渡性的、开放的学习空间，即"第三空间"就建立了。在这个空间中教师和儿童之间关于某一知识经验的共建共享就会发生，师幼双方会深度参与话语重构。

（三）师幼互动的身心相互融合，走向早期数学的动态生成式学习

学前期儿童好奇心最强，这种产生疑问、引发讨论、动手操作、探究分析、拓展经验的过程，极大程度地将身心融入，在接收和理解知识的过程中，伴随相应的身体参与。但是在集体教学活动中，儿童身体的"动"，常常被认为是需要克服的障碍，是需要被规训的，为此要求儿童要学会控制自己的身体。具身认知理论引发了我们对儿童学习的反思，同时对传统的早期教育观念也产生了冲击，打破传统教学的"刺激—反应"的行为主义模式，教学中应更加关注身体、环境和认知之间的相互作用和整合，教师、儿童和环境（包括环境中的物）都既是认知的对象，也是认知的主体，师幼双方在环境的整合中，成为学习共同体。当儿童通过一些特定的手势动作学习数学的某些概念时，他们可以更好地储存所学知识并解决有关问题，这可能是由于手势通过产生动作痕迹提高记忆。[②] 教师应逐渐认识到教学和学习是师幼双方通过连续的身心互动交流产生的多通道整合的过程。在这样的环境下，会形成以身体参与为桥梁，以工具（物）为儿童身体的延伸以及学习环境具身的实现。正如恩格斯托姆所指出的，学习活动也具有社会历史性，起初的学习行为多数是源于对现实的质疑，随着更

---

① GUTIERREZ K D,RYMES B,LARSO J. Script, counterscript, and underlife in the classroom:James Brown versus Brown v. board of education[J]. Harvard educational review,1995,65(3):445-471.

② 贾丽娜,田良臣,王靖,等.具身教学的设计研究:基于身体参与的多通道整合视角[J].远程教育杂志,2016,34(1):82-89.

多行动者的加入,开始以集体合作的形式对问题进行分析和框定,并通过提出和实施新的行动方案,使集体进入最近发展区,并最终拓展原有的经验,产生新的概念形式,[①] 这便是生成式的学习过程。

[①] ENGESTROM Y,SANNINO A. Studies of expansive learning:Foundations,findings and future challenges[J]. Educational research review,2010,5(1):1-24.

第六章 师幼互动质量的提升策略

国内外多项研究的结果都表明,良好的师幼互动对儿童身心发展具有重要作用,同时对于教师自身的专业素养的提升也具有重要的意义。经过本研究前面的分析与讨论也得出,教师自身的专业素质、儿童的特点、园长的领导艺术、家长的教育观念等都对师幼互动产生影响,因此,要提高师幼互动的质量,需要来自各方面的支持,教师自身师幼互动能力的提高也受到内因和外因的共同影响,研究者针对已有的相关研究以及本研究的结果,提出以下教育建议:第一,从幼儿教育相关部门出发,提出支持师幼互动质量提升的建议;第二,从教师的角度出发,提出提升师幼互动质量的策略。

第一节 幼儿教育相关部门支持师幼互动质量提升的建议

根据CLASS调查结果分析,教师的学历、职称、教龄、所在园所级别以及自身的专业素养都对其师幼互动水平有一定的影响,可见,教师素质在师幼互动中发挥着重要的作用。所以,从外部作用来看,师范院校和教师培训机构以及幼儿园都需要做好相关的调整。

一、职前教育和职后培训相贯通

师范院校和教师培训部门应对教师在师幼互动方面的培养与培训的目标进行规划。从师范院校的幼儿园教师培养来看,常常存在"艺体化"和

"技能化"的内容倾向,①课程设置都是以儿童身心发展、儿童心理与教育基本原理的专业知识以及相关教学法的内容为主,学生很少接触到有关师幼互动方面的知识和内容,访谈中有教师谈道:"我们以前上学时,很少接触到师幼互动这个概念,也没有什么理解,后来工作后,才逐渐从带教教师那里了解到的。"因此,师范院校在课程设置或教学计划安排上,可以适当地设置有关师幼互动方面的课程或教育实践,或注意在相关的教学法课程中渗透有关师幼互动的知识,以提高学生有关师幼互动的专业意识。

此外,国外的许多研究中也提到,教师高质量师幼互动的能力也离不开一定的在职培训,②美国学者里昂等人也发起对托幼机构工作人员进行师幼互动培训(teacher-child interaction training,简称 TCIT)。③皮安塔团队也实施了有关有效师幼互动的培训——教师专业发展新模型(new professional development models),旨在培训教师良好的师幼互动能力。④ 可见,有关师幼互动方面的相关培训已受到广泛的重视。在教师的在职培训中,培训机构可结合目前教师素质的现状、师幼互动中的相关知识和实践技能以及儿童发展与教育的实际需求,根据教师在师幼互动中存在的实际问题和困难组织培训内容,以案例教学法、行动学习法为主,多开展一些体验式专题培训,让教师在参与中学习,或者亦可以采用视频学习法,将高质量师幼互动的片段放给被培训教师看,让他们从中吸取经验,不断地反思和揣摩,从而在具体的教学实践中获得有关师幼互动的知识和技能,在参与和反思中得到提升。

---

① 庞丽娟. 教师与儿童发展[M]. 2 版. 北京:北京师范大学出版社,2003:213.

② PIANTA R, HOWES C, BURCHINAL M, et al. Features of pre-kindergarten programs, classrooms, and teachers: Prediction of observed classroom quality and teacher-child interactions [J]. Applied developmental science,2005,9(3):144 – 159.

③ LYON A R, GERSHENSON R A, FARAHMAND F K, et al. Effectiveness of teacher-Child Interaction Training (TCIT) in a preschool setting[J]. SAGE publications,2009,33(6):855 – 884.

④ LOCASALE CROUCH J, KRAFT SAYRE M, PIANTA R C, et al. Implementing an early childhood professional development course across 10 sites and 15 sections:lessons learned[J]. NHSA Dialog,2011,14(4):275 – 292.

二、幼儿园的环境支持

幼儿园应当营造宽松的环境氛围，赋予教师相应的自主权。CLASS 的调查结果也发现，多位教师都提到幼儿园的环境氛围以及园长的领导理念对教师师幼互动行为上的影响，尤其是在 CLASS 的评估中，教师所在的园所级别与其师幼互动能力有极大的相关，因此，处于外部支持的幼儿园环境也对师幼互动的质量起到重要的作用。

为此，首先，各级幼儿园都应该尽力地提升幼儿园内的软硬件设施，为师幼之间良好的互动提供相应的环境和资源支持，确保结构性质量符合标准，如：设置较宽敞的室内空间，避免教师在活动与活动之间的过渡环节浪费时间；提供丰富的玩教具材料，激发儿童的探究欲，从而增加师幼互动的机会和频率；等等。

其次，作为幼儿园主要负责人的园长，其领导理念也需要做适当转变。园长自身的管理能力对幼儿园的发展来说至关重要。作为园长，应该转变传统教育教学的理念——过分重视正式的教育教学活动，更多地关注非正式的教育教学活动，多方位、多形式地支持儿童的全面发展，深化对师幼互动的认识，明晰师幼互动的内涵，倡导教育过程中高质量的师幼互动。基于此，园长首先要提高自身的管理能力，做到由"管理"转化为"引导"，减少教师的文案工作负担，为教师和儿童提供宽松的心理环境，真正实现对每位教师、每个儿童的关怀，在一定程度上为教师赋能，给予教师发挥主体性及创造性的空间，最大限度地发挥幼儿园教师的潜能。须知，教师只有在具有一定自主权的条件下，才能创造性地工作。此外，也可以进一步探索改善教师的工作评价，以过程性评价和考核为主，发挥评价或考核的导向激励作用，促进教师进行反思并不断改进；同时也要注重采用多样化评价方式来考核教师的工作，以动态的、多元的、发展的机制评价教师的教育教学工作，为创设高质量师幼互动的氛围提供强大的支持。

最后，也要重视对新教师进行师幼互动方面的培训，有计划、有组织地开展有关师幼互动的教研活动，通过观察、分析与研讨，在具体的实践活动中给予新教师适宜的指导和分享。

第二节 教师提升师幼互动质量的策略

教师作为师幼互动的主体之一，对师幼互动的过程具有一定的掌控能力，其自身的专业素养、工作态度、工作经验等都会对师幼间的关系和互动产生重要的影响，因此，教师自身的提升也十分必要。

一、适时地做好角色转变

教师作为师幼互动的主体之一，其在互动中所处的角色和地位尤其重要，常常关系到儿童参与互动的积极性和主动性，访谈中J教师说道："教师在互动中一定要学会尊重孩子的主体地位，要学会适时地进行角色转换，不要总是以权威的地位与儿童交流。平等地交流，孩子才更容易放松，互动的气氛也比较好……"可见，教师的角色定位直接影响师幼互动的质量。在集体教学活动中，由于师幼互动具有明显的教育性，作为管理者和传授者，教师处于较为权威的地位；但在一些非正式的活动中，教师要放低姿态，与儿童平等地进行对话、交流，让儿童能够放松，多与教师一起商量、分享，师幼关系自然也就会变得融洽。另外，对教师角色定位的适时调整，也包括教师也是高质量师幼互动环境的创造者、互动机会的提供者。教师的角色定位只有适时转变，才能抓住更多的互动的时机，建立融洽的氛围，关注儿童的实际情况和主体发展。

在师幼互动过程中，根据不同的活动类型和组织方式，提升师幼互动质量，教师可以考虑在不同的情境中思考角色的转换，如在一日生活中成为环境的创设者、问题的提出者、概念的解释者和行为的塑造者等；也可从以下这几个方面展开思考：创设什么样的环境？提出什么样的问题？解释什么概念？如何解释概念？塑造什么样的行为？从这几个角度出发，既考虑到对儿童探究、认知和情感的支持，同时关照到儿童常规的建立，从不同的角度思考互动中的角色，能够有效地提升师幼互动中的教育支持能力。

二、创设积极的环境氛围，建立融洽的师生关系

学者刘晶波曾提出，师幼关系既是师幼互动行为的前提，也是它的结

果。有什么样的师幼关系，就会相应地出现什么样的师幼互动行为。[①]可见，和谐的师幼关系是高质量师幼互动的保证，和谐的师幼关系能够调动儿童参与各种活动的积极性和创造性。教师要与儿童建立和谐的师幼关系，既要提供给儿童积极的情感氛围，也要建立有利于儿童探索的生活和物质环境。作为幼儿园教师，要尊重儿童的观点，耐心和平等地对待儿童，支持和理解儿童的行为，宽容儿童的过失等，并且以积极、乐观的工作态度和鼓励的语言来对待每一个儿童。只有为他们提供了积极的情感氛围，儿童才会更愿意与教师交流和分享，互动的机会自然就会增多，师幼关系也会得到进一步的巩固。另外，班级的物质环境和材料也会影响师幼互动，CLASS评估体系中的"教育学习安排（IFL）"中就特设有对教学形式和材料的评估，班级环境的支持对儿童参与活动，在活动中与教师和同伴互动也有着重要的作用。师幼关系在儿童与周围环境的和谐互动中才能获得更好的发展，因此，教师应尽力为儿童创设一个充满童趣和探索的空间环境。为此，教师必须充分地了解本班儿童的发展水平，多提供、多创设适合儿童探索的区角环境和材料，促进儿童主动参与活动。这种儿童与环境之间的相互作用，也有利于形成积极有效的高质量的师幼互动。

此外，良好的班级常规也是高质量师幼互动的保证。良好的班级常规是教师为儿童创设的积极氛围之一。在观察中发现，教师所带班级的常规常常会影响到师幼互动的过程。高质量的师幼互动中，班级的常规都做得比较好，半日活动的安排有条不紊，儿童能够有序地进行各种活动，使学习时间达到最大化，教师无须再浪费时间安排活动或维持秩序；而低质量的师幼互动中，教师常常在活动与活动之间布置环境、维持秩序或者下达命令，消极氛围增多，与儿童互动的时间相应就会减少，互动质量也随之下降。因此，教师需要尽早地帮助儿童树立良好的常规意识，使班级秩序井然，为儿童创设良好的班级环境，从而提高师幼互动的质量。

三、提高自身专业素养

教师的专业素养是教师履行职责、完成一定的教育教学任务所必备的

[①] 刘晶波.师幼互动行为研究:我在幼儿园里看到了什么？[M]南京:南京师范大学出版社,2006:217.

各种素养的质的要求以及将各种素养有机结合在一起的能力。[1] 高质量的师幼互动需要教师充分发挥自身各方面的素养,因此,为提高师幼互动质量,教师可从以下几个方面提升专业素养。

首先,教师要不断提高自身的学科教学知识(Pedagogical Content Knowledge)水平。舒尔曼指出,教师的学科教学知识(PCK)是指教师将自己所掌握的学科知识以一种学生易于理解、易于接受的形式呈现给学生的一种能力,它具体表现为教师知道使用怎样的演示、举例、类比等来呈现学科内容,了解学生的理解难点。[2] 本研究的结果表明教师在"认知发展(CD)"的维度整体水平还比较差,在观察中也常发现,部分教师在教学活动中常常不能很明确地向儿童澄清相关的知识概念,如第四章中分析到的 L 教师有关"溶解"的概念并没有在课堂上澄清,儿童只是沉浸在"做饮料"的过程中,却没有获取相关的科学概念。因此,教师需要在工作的过程中不断地充实自己的学科知识,同时要不断地进行教学反思和总结,立足于儿童的认知发展的特点与水平,在教学中多采用儿童易于接受的教学方法,这样不仅有利于儿童对知识的获取,同时教师在反思和总结中也提升了自身的专业化程度,进而提高师幼互动的质量。

其次,教师要在师幼互动中增强教学技能,把握教育契机,提高教育机智。高质量的师幼互动不仅要求教师要有恰当的角色定位与正确的教学观念,同时也需要教师有过硬的教学技能、敏锐的洞察力及一定的教学机智。正如访谈中 J 教师提道:"作为教师,一定要多多反思,没有反思就没有专业上的成长。"因此,教师需要不断地反思教学行为,在互动中充分地锤炼教学技能,掌握教育机智。教师教学能力的提高及教育机智的获得是一个不断积累和总结的过程。有研究指出,教师成长 = 经验 + 反思,反思是促进教师积累教学经验,获得教学机智的一种有效的方法。[3] 教师要在教学活动中有意地观察儿童的兴趣点和教学中存在的问题,并及时地进行课后反思,再进一步地尝试调整互动的方式或方法。教师不仅要反思

---

[1] 张承芬.教师素质学[M].济南:济南出版社,1990:29.
[2] SHULMAN L S. Those who understand:knowledge growth in teaching[J]. Educational researcher,1986,15 (2):4 – 14.
[3] 孙凡云.幼儿园集体教学活动中师幼互动研究[D].济南:山东师范大学,2011.

问题，还要反思问题存在的原因；不仅要反思自身行为，也要反思导致行为出现的原因。教师只有在经历了预设—实践—反思—再实践—再反思……这个循环往复而不断提高的过程后，自身的专业素质才会不断提高，并逐步形成教学机智。

再次，要善于观察，了解儿童的发展动态，增强自身的教育敏感性。对教育目标及儿童实际水平的准确定位是师幼有效互动的保证。教师的一切教学安排和互动都是要立足于教育对象的认知水平和已有经验，因此，教师对儿童的发展动态一定要有明确的把握，这就需要有细致的观察。观察是幼儿教师必须具备的心智和技能，观察不只是看，更是在活动中深层次地洞察，运用看、听、交流、思考等技巧关注儿童。观察也能够帮助教师将专业的知识和教学实践相联系。正如L教师多次所强调的，教师要了解儿童，关注儿童的最近发展区，只有这样，才能为集体活动或者在区角活动中做好准备，为儿童创设环境，提供帮助。另外，L教师还提道："师幼互动是动态的，常常是充满'突发事件'的，如某个孩子有反常反应就会打断正常的师幼互动，还有的儿童注意力不集中也会有影响。"因此，需要教师在教育教学过程中对儿童的活动具有一定的敏感性，能够对活动中的"突发事件"随机应变，迅速做出正确的判断，并且及时地采取恰当而有效的解决措施。这种教育敏感性的培养，一方面需要教师积累丰富的教育经验，在经验中反思和总结；另一方面，教师可以多观摩一些互动质量较高的教师组织的活动，从中吸取经验和教训。

最后，要学会运用恰当的互动语言。语言是人与人互动的主要方式，更是师幼互动的主要中介形式。互动语言的使用直接关系到师幼互动的效果和质量。在CLASS评估体系中也把"反馈质量（QF）""语言示范（LM）"作为单独考察的维度，可见师幼互动中教师语言使用的重要性。互动语言的使用，既包括有效的提问和反馈，也包括正确的语言示范，以及正面语言的使用。师幼互动以问答式互动为主，在有效的提问方面，需要教师能够充分地掌握提问技巧，以开放式问题为主，设计较为有效的问题，激发儿童互动的兴趣，进一步促进儿童探索；在反馈方面，一方面教师要注意为那些在理解某个概念、回答问题或者完成活动方面有困难的儿童提供支架，另一方面，教师要能够提供额外的信息以拓展儿童的理解或者行为，同时对儿童提出质疑或者要求儿童解释思考过程或反应和行为的基本原理，从而在增加反馈回路的同时，保证互动的质量。要做到语言示范正确，教师首先要能够把教学知识准确地、易于儿童理解地表达出来，同时不断地进行重复，以加深儿童的记忆及延伸儿童的应答。此外，还要积极地使用正面的语言，多给予儿童以鼓励和肯定，尽量少地运用命令式的语言或者否定式的语言，如"请你不要讲话了！"尽力创造一种能够使师幼互动比较轻松进行的氛围，促进儿童参与互动的积极性。

第三节 结语

本研究在查阅相关文献的基础上进行研究设计，通过量化研究的方式对161名幼儿园教师的师幼互动能力进行考察，分析了教师在师幼互动各方面的整体水平以及影响因素和高质量师幼互动的特点，但由于受研究时间、研究条件以及个人经验的限制，本研究尚存在一些不足之处。

（1）由于时间与资源有限，本研究对来自不同园所级别的教师的师幼互动能力进行考察，但并没有同时对儿童在师幼互动中的表现和学业成果进行评估，因此还有待于今后对二者之间存在的相关性进行进一步的研究。

（2）由于研究时间和人力资源的限制，本研究并未涉及对不同年龄班进行师幼互动的相关分析，一些研究也表明，不同年龄段的师幼互动是存在差异的，这也就为后续研究的深入进行提供了一定的空间和方向。

（3）就研究的范围而言，师幼互动贯穿于教师与儿童交往的每个环节中，教师与儿童各自言语与非言语行为，特别是教师的非言语行为，会对师幼互动产生重要的影响，由于受客观条件所限及本人的精力所限，因此未对此进行更深入的分析研究。

（4）由于研究者教育实践经验的缺乏，有关建构高质量师幼互动的建议也有待进一步挖掘和完善，谨望各位专家、学者指正，以使研究者能够做进一步的深入思考和研究。

参 考 文 献

英文文献：

[1] AMANDA W H, WARD S L. Measuring teachers' perceived interactions with children: A tool for assessing beliefs and intentions[J]. Early childhood research and practice, 2004, 6(2):2.

[2] ALEXANDER K L, ENTWISLE D R. Achievement in the first 2 years of school: Patterns and processes[J]. Monographs of the society for research in child development, 1988, 53(2):1 – 157.

[3] ANDERSON M. Embodied cognition: A field guide[J]. Artificial intelligence, 2003, 149:91 – 130.

[4] BERGIN D A, OSBURN V L, CRYAN J R. Influence of child independence, gender, and birthrate on kindergarten teachers' recommendation for retention[J]. Journal of research in childhood education, 1996, 10(2):152 – 159.

[5] BARNES D. From communication to curriculum[M]. 2nd ed. London: Penguin Books, 1976.

[6] BLATCHFORD P. A systematic observational study of teachers and pupils' behavior in large and small classes[J]. Learning and instruction, 2003, 13(6):569 – 595.

[7] BIRCH S H, LADD G W. The teacher-child relationship and children's early school adjustment[J]. Journal of school psychology, 1997, 35(1):61 – 79.

[8] BROPHY J E, GOOD T L. Teacher-student relationships: Causes and

consequences[M]. New York:Holt, Rinehart, Winston,1974.

[9] BROPHY J E, GOOD T L. Teacher-student relationships: causes and consequences[J]. American journal of education,1974(4):400.

[10] BRONFENBRENNER U. The ecology of human development [M]. Cambridge,MA.:Harvard University Press,1979.

[11] BROEKHUIZEN M L, MOKROVA I L, BURCHINAL M R, et al. Classroom quality at pre-kindergarten and kindergarten and children's social skills and behavior problems[J]. Early childhood research quarterly, 2016,36:212-222.

[12] BURCHINAL M, VANDERGRIFT N, PIANTA R, et al. Threshold analysis of association between child care quality and child outcomes for low-income children in pre-kindergarten programs[J]. Early childhood research quarterly, 2010,25(2):166-176.

[13] BATESON G. A theory of play and fantasy[J]. Psychiatric research reports,1972(2):39-51.

[14] BI YING HU, XITAO F, CHUANHUA G, et al. Applicability of the classroom assessment scoring system in Chinese preschools based on psychometric evidence[J]. Early education and development,2016,27(5):714-734.

[15] BARSALOU L W. Grounded cognition[J]. Annual review of psychology, 2008(59):617-645.

[16] BARSALOU L W, SIMMONS W K, BARBEY A K. Grounding conceptual knowledge in modality-specific systems[J]. Trends in cognitive sciences,2003,7(2):84-91.

[17] BAKER SENNETT J, ROGOFF B, BELL N, et al. Voice of the mind: sociocultural approach to mediated action[J]. The American journal of psychology,1992,105(3):506.

[18] CHEN J Q, MCNAMEE G. Bridging: Assessment for teaching and learning in early childhood classrooms, PreK-3 [M]. Corwin

Press, 2007.

[19] CLAWSON M A. Contributions of regulatable quality and teacher-child interaction to children's attachment security with day care teachers [C]//Paper presented to the 62nd Biennial Conference of the Society for Research in Child Development. Washington DC,1997.

[20] CURBY T W, RIMM KAUFMAN S E, PONITZ C C. Teacher-child interactions and children's achievement trajectories across kindergarten and first grade[J]. Journal of educational psychology,2009,101(4): 912-925.

[21] CADIMA J, LEAL T, BURCHINAL M. The quality of teacher-student interactions:Associations with first graders' academic and behavioral outcomes[J]. Journal of school psychology,2010,48(6):457-482.

[22] CAZDEN C B. Classroom discourse: the language of teaching and learning[M]. Portsmouth, NH:Heinemann,1988.

[23] CAMPBELL W K, HOFFMAN B J, CAMPBELL S M, et al. Narcissism in organizational contexts[J]. Human resource management review,2011,21(4):268-284.

[24] CHILD N. Young children develop in an environment of relationships [J]. National scientific council on the developing child, 2006, 144(1):319-326.

[25] COBB P, WOOD T, YACKEL E, MCNEAL B. Characteristics of classroom mathematics traditions:An interactional analysis[J]. American educational research journal,1992,29(3):573-604.

[26] COHRSSEN C, CHURCH A, TAYLER C. Purposeful pauses:Teacher talk during early childhood mathematics activities [J]. International journal of early years education,2014,22(2):169-183.

[27] DE KRUIF R E L,ZULLI R A,MCWILLIAM R A,et al. Case of responsiveness and directiveness and different levels of teaching[C]. Chapel Hill:University of North Carolina,1998.

[28] DE KRUIF R E L, MCWILLIAM R A, RIDLEY S M, et al. Classification of teachers' interaction behaviors in early childhood classrooms [J]. Early childhood research quarterly,2000,15(2):247-268.

[29] DOWNE J T, LÓPEZ M L, GRIMM K J, et al. Observations of teacher-child interactions in classrooms serving Latinos and dual language learners:Applicability of the classroom assessment scoring system in diverse settings[J]. Early childhood research quarterly,2012,27(1): 21-32.

[30] ERICKSON M F, PIANTA R C. New lunchbox, old feelings:What children bring to school[J]. Early education and development,1989,1 (1):15-23.

[31] ERICKSON F, WILSON J. Sights and sources of life in schools:A resource guide to film and videotape for research and education[M]. East Lansing, MI.:Institute for Research on Teaching,1982.

[32] ERICKSON F. Talk and social theory:ecologies of speaking and listening in everyday life[M]. Cambridge,UK:Polity Press, 2004.

[33] ERICKSON F. Going for the zone:the social and cognitive ecology of teacher-student interaction in classroom conversations [M]. Cambridge,UK.:Cambridge University Press,1996.

[34] ERICKSON F. Definition and analysis of data from Videotape:Some research procedures and their rationales[C]//Green G,Camilli P B, Elmore (eds.). Handbook of complementary methods in education research. Mahwah, NJ, US:Lawrence Erlbaum Associates, 2006.

[35] ENGESTROM Y. Studies in expansive learning:Learning what is not yet there [M]. Cambridge,MA:Cambridge University Press, 2016.

[36] ENGESTROM Y, SANNINO A. Studies of expansive learning:Foundations, findings and future challenges[J]. Educational research review,2010,5(1):1-24.

[37] FEENEY S,CHRISTENSEN D,MORAVCIK E. Who am I in the lives

of children?:An introduction to teaching young children[M]. Colvmbus,OH:Charles E. Merrill,1996.

[38] FEIN G G, GARIBOLDI A, BONI R. The adjustment of infants and toddlers to group care:The first six months[J]. Early childhood research quarterly,1993,8(1):1-14.

[39] FISHER R. Teacher-child interaction in the teaching of reading:A review of research perspectives over twenty-five years[J]. Journal of research in reading,2010,28(1):15-27.

[40] GALINSKY E, HOWEA C, KONTOS S. The family child care training study:Highlights of findings[M]. New York:Family and Work Institute,1995.

[41] GUMPERZ J J. Discourse strategies[M]. Cambridge, MA:Cambridge University Press,1982.

[42] GREENBERG M T, DOMITROVICH C, BUMBARGER B,et al. The prevention of mental disorders in school-aged children:Current state of the field[J]. Prevention & Treatment,2001,4(1):1-52.

[43] GIBBS R W. Embodiment and cognitive science[M]. Cambridge, MA:Cambridge University Press, 2008.

[44] GUTIERREZ K D, RYMES B, LARSO J. Script, counter script, and underlife in the classroom:James Brown Versus Brown v. board of education[J]. Harvard educational review,1995,65(3):445-472.

[45] HAMRE B K, PIANTA R C. Learning opportunities in preschool and early elementary ciassrooms[M]//PIANTA R C,COX M,SNOW K. School reading & the transition to kindergarten in the era of accountability. Baltimore, MD:Daul H, Brookes Publishing Co. Inc, 2007:49-83.

[46] HAMRE B K, PIANTA R C. Early teacher-child relationships and the trajectory of children's school outcomes through eighth grade [J]. Child development,2001,72(2):625-638.

[47] HAO Y. Relationship between teachers' use of refiection and other selected variables and preschool teachers engagement in developmentally appropriate practice[R]. ERIC Databaxe ps 450881,2000:13.

[48] HOWES C, PHILLIPS W D. Teacher characteristics and effective teaching in child care: Findings from the national child care staffing study[J]. Child & Youth care forum,1992,21(6):399-414.

[49] HOWES C, HAMILTON C E, MATHESON C C. Children's relationships with peers: Differential associations with aspects of the teacher-child relationship[J]. Child development,1994,65(1):253-263.

[50] HOWES C, SMITH E W. Relations among child care quality, teacher behavior, children's play activities, emotional security and cognitive activity in child care[J]. Early childhood research quarterly,1995,10(4):381-404.

[51] HOWES C. Social-emotional classroom climate in child care child-teacher relationships and children's second grade peer relations[J]. Social development,2010,9(2):191-204.

[52] HOWES C. The earliest friendships[M]//BUKOWSKI W M, NEWCOMB A F, HARTUP W W(eds.). The company they keep: Friendship in childhood and adolescence. Cambridge, MA: Cambridge University Press,1996:66-86.

[53] HAMRE B K. Teachers' daily interactions with children: An essential ingredient in effective early childhood programs[J]. Child development perspectives,2014,8(4):223-230.

[54] HU B Y, ZHOU Y, LI K. Pinpointing Chinese early childhood teachers' professional development needs through self-evaluation and external observation of classroom quality[J]. Journal of early childhood teacher education,2014,35(1):54-78.

[55] HU B Y, ZHOU Y, CHEN L, et al. Preschool expenditures and Chinese children's academic performance: The mediating effect of teacher-

child interaction quality[J]. Early childhood research quarterly, 2017, 41:37-49.

[56] HU B Y, FAN X, WU Y, et al. Contributions of teacher-child interaction quality to Chinese children's development in the early childhood years[J]. Early education and development, 2019, 30(2):159-177.

[57] HU B Y, WU Z, WINSLER A, et al. Teacher-child interaction and preschoolers' learning behavior in China: A piecewise growth model[J]. Early education and development, 2020(2):1-18.

[58] HEDEGAARD M. Children's development from a cultural-historical approach: Children's activity in everyday local settings as foundation for their development[J]. Mind culture and activity, 2009, 16(1): 64-81.

[59] HALL N, LARSON J, MARSH J. Handbook of early childhood literacy[M]. Thousand Oaks, CA:Sage, 2003:301-314.

[60] KOLES B, O'CONNOR E, MCCARTENY K. Teacher-child relationships in prekindergarten: The influences of child and teacher characteristics[J]. Journal of early childhood teacher education, 2009, 30(1):3-21.

[61] KAGAN D M, SMITH K E. Blifes and behaviors of kindergarten teachers[J]. Educational research, 1988, 30(1):26-35.

[62] KONTOS, SUSAN, et al. Influences on children's competence in earlychildhood classrooms[J]. Early childhood research quarterly, 1997, 12(3):247-262.

[63] KRUIF R E, MCWILLIAM R A, RIDLEY S M, et al. Classification of teachers' interaction behaviors in early childhood classrooms[J]. Early childhood research quarterly, 2000, 15(2):247-268

[64] KONTOS, SUSAN, KEYES, et al. An ecobehavioral analysis of early childhood classrooms[J]. Early childhood research quarterly, 1999, 14(1):35-50.

[65] LARON J, PETERSON S M. Talk and discourse in forman rearnign settings[M]//NIKOLAJEVA, MARIA. Handbook of early childhood literacy. London, England: SAGE, 2003: 501 - 539.

[66] LYON A R, GERSHENSON R A, FARAHMAND F K, et al. Effectiveness of teacher-child interaction training (TCIT) in a preschool setting[J]. Behavior modification, 2009, 33(6): 855 - 884.

[67] LA PARO K M, PIANTA R C, STUHIMAN M. The classroom assessment scoring system: findings from the Prekindergarten year[J]. Elementary school journal, 2004, 104(5): 409 - 426.

[68] LOCASALE CROUCH J, KONOLD T, PIANTA R, et al. Observed classroom quality profiles in state-funded pre-kindergarten programs and associations with teacher, program, and classroom characteristics [J]. Early childhood research quarterly, 2007, 22(1): 3 - 17.

[69] LOCASALE CROUCH J, KRAFT SAYRE M, PIANTA R C, et al. Implementing an early childhood professional development course across 10 sites and 15 sections: lessons learned[J]. NHSA Dialog, 2011, 14(4): 275 - 292.

[70] LEYVA D, WEILAND C, BARATA M, et al. Teacher-child interactions in Chile and their associations with prekindergarten outcomes [J]. Child development, 2015, 86(3): 781 - 79.

[71] LEHRL S, SMIDT W. Differential effects of preschool quality on children's emergent literacy skills in the final preschool year in Germany [J]. Research papers in education, 2018, 33(4): 492 - 514.

[72] LATOUR B. On actor-network theory: A few clarifications[J]. Soziale Welt, 1996, 47(4): 369 - 381.

[73] MUNRO S. Opportunity Lies in teacher-child interaction [J]. Education digest: Essential readings condensed for quick review, 2008, 73 (6): 46 - 48.

[74] MASHBURN A J, PIANTA R, HAMRE B K, et al. Measures of class-

room quality in prekindergarten and children's development of academic, language and social skills[J]. Child development,2008,79(3):732-749.

[75]MASHBURN A J, PIANTA R. Opportunity in early education:improving teacher-child interactions and child outcomes[M]//REYNOLDS A,ROLNICK A,ENGLUND M, TEMPLE J. Childhood programs and practices in the first decade of life:a human capital integration. New York:Cambridge University Press, 2010:243-265.

[76] MEHAN H. "What time is it, Denise?":asking known information questions in classroom discourse[J]. Theory into practice,1979,18(4):285-294.

[77]MAYER S J. Classroom discourse and democracy:making meanings together[M]. New York:Peter Lang, 2012.

[78]MORRISON F J, CONNOR C M. Understanding schooling effects on early literacy:A working research strategy[J]. Journal of school psychology,2002,40(6):493-500.

[79]MCGUIRE P R, KINZIE M, THUNDER K, et al. Methods of analysis and overall mathematics teaching quality in at-risk prekindergarten classrooms [J]. Early education and development, 2016, 27(1):89-109.

[80]MEHAN HUGH. Learning lessons:social organization in the classroom [M]. Cambridge,MA. :Harvard University Press,1979.

[81]MORITZ RUDASILL K, RIMM KAUFMAN S E, et al. Temperament and language skills as predictors of teacher-child relationship quality in preschool [J]. Early education and development,2006,17(2):271-291.

[82] O'CONNOR E, MCCARTNEY K. Examining teacher-child relationships and achievement as part of an ecological model of development [J]. American educational research journal,2007,44(2):340-369.

[83] OECD. Starting strong 2017: Key OECD indicator on early childhood education and care[R]. Paris: OECD Publishing, 2017.

[84] PIANTA R C, LA PARO K M, HAMRE B K. Classroom assessment scoring system (CLASS) manual Pre-k[M]. Baltimore: Brookes, 2008.

[85] PIANTA R C, LA PARO K M, PAYNE C, et al. The relation of kindergarten classroom environment to teacher, family, and school characteristics and child outcomes[J]. Elementary school journal, 2002, 102(3): 225-238.

[86] PIANTA R C, HOWES C, BURCHINAL M, et al. Features of Pre-kindergarten programs, classrooms, and teachers: Prediction of observed classroom quality and teacher-child interactions[J]. Applied developmental science, 2005, 9(3): 144-159.

[87] PIANTA R C. Patterns of relationships between children and kindergarten teachers[J]. Journal of school psychology, 1994, 32(1): 15-31.

[88] PIANTA R C, MASHBURNN A J, DOWNER J T, et al. Effects of web-mediated professional development resources on teacher-child interactions in pre-kindergarten classrooms[J]. Early childhood research quarterly, 2008, 23(4): 431-451.

[89] PHILLIPS D, MCCARTNEY K, SCARR S. Child-care quality and children's social development[J]. Developmental psychology, 1987, 23(4): 537-543.

[90] PEISNER FEINBERG E S, BURCHINAL M R, CIIFFORD R M, et al. The relation of preschool child-care quality to children's cognitive and social development trajectories through second grade[J]. Child development, 2001, 12(5): 1534-1553.

[91] REYNDLAS A J, ROLNICK A J, ENGLVND M M, et al. Childhood programs and practices in the first decade of life: A human capital in-

tegration[M]. Cambridge, MA: Cambridge University press, 2010.

[92] ROSCHELLE J. Learning by collaborating: Convergent conceptual change [J]. Journal of the learning sciences, 1992, 2(3):235 - 276.

[93] ROTH M W, LAWLESS, et al. Computer modeling and biological learning [J]. Educational technology and society, 2001, 4(1):13 - 25.

[94] RUDASILL K M. Child temperament, teacher-child interactions, and teacher-child relationships: A longitudinal investigation from first to third grade[J]. Early childhood research quarterly, 2011, 26(2):147 - 156.

[95] RUDASILL K M, RIMM KAUFMAN S E, JUSTICE L M, et al. Temperament and language skills as predictors of teacher-child relationship quality in preschool[J]. Early education and development, 2006, 17(2):271 - 291.

[96] RUZEK E, BURCHINAL M, FARKAS G, et al. The quality of toddler child care and cognitive skills at 24 months: propensity score analysis results from the ECLS-B[J]. Early childhood research quarterly, 2014, 29(1):12 - 21.

[97] RIMM KAUFMAN S E, CURBY T W, GRIMM K J, et al. The contribution of children's self-regulation and classroom quality to children's adaptive behaviors in the kindergarten classroom[J]. Developmental psychology, 2009, 45(4):958 - 972.

[98] ROGOFF B. Apprenticeship in thinking: Cognitive development in social context[M]. New York: Oxford University Press, 1990.

[99] ROGOFF B. Observing sociocultural activity on three planes: Participatory appropriation, guided participation, and apprenticeship[M]//WERISCH J V, DELRID P, ALVAREZ A. Sociocultural studies of mind. Cambridge, MA: Cambridge University Press, 1995.

[100] SHULMAN L S. Those who understand: Knowledge growth in teaching[J]. Educational Researcher, 1986, 15(2):4 - 14.

[101] SROUFE L A, FLEESON J. The coherence of family relationships [M]//HINDE R A,STEVENSDN HINDE J. Relationships within families:mutual influences. Oxford, UK:Oxford University Press. 1988:27-47.

[102] SROUFE L A. Relationships disturbances in early childhood: A developmental approach[M]. New York:Basic Books,1989:70-94.

[103] SAMEROFF A J, MACKENZIE M J. Research strategies for capturing transactional models of development: The limits of the possible [J]. Development and psychopathology,2003,15(3):613-640.

[104] SMIDT W, LEHRL S. Teacher-child interactions in ECEC classrooms: Characteristics, predictability, dependency and methodological issues [J]. Research papers in education,2018,33(4):411-413.

[105] SYLVA K, STEIN A, LEACH P, et al. Effects of early child-care on cognition, language, and task-related behaviors at 18 months: An English study[J]. British journal of developmental psychology,2011,29(1):18-45.

[106] SHAPIRO L. The embodied cognition research programme[J]. Philosophy compass,2007,2(2):338-346.

[107] TJEERD V D L, REGT H. Is Cognitive science changing its mind? Introduction to embodied embedded cognition and neurophenomenology[J]. Theory & Psychology,2008,18(3):291-296.

[108] VARTULI S. How early childhood teacher beliefs vary cross grade level [J]. Early childhood research quarterly,1999,14(4):489-514.

[109] VYGOTSKY L S. Mind in society:The development of higher psychological processes[M]. Cambridge,MA.:Harvard University Press,1978.

[110] WELLS G, BRIDGES A, FRENCH P, et al. Learning through interaction:A comparison of talk at home and at school[J]. Linguistic society of America,1981,59(1):238-239.

[111] WOOD E. A new Paradigm war? The impact of national curriculum

Policies on early childhood teachers thinking and classroom Practice [J]. Teaching and teacher education,2004,20(4):361-374.

[112] WELLS G. Reevaluating the IRF sequence:A proposal for the articulation of theories of activity and discourse for the analysis of teaching and learning in the classroom[J]. Linguistics and education,1993,5(1):1-37.

[113] WYLIE C. Why quality matters in early childhood education:the research evidence[C]// Paper presented at the New Zealand Council for Educational Research Conference, Early childhood Education for a Democratic Society. Wellington N Z, 2001.

[114] WERTSCH J V, DEL RíO P, LVAREZ A. Sociocultural studies of mind[M]. Cambrideg,MA:Cambridge University Press,1995.

[115] WARTOFSKY M. The child's construction of the world and the world's construction of the child:From historical epistemology to historical psychology[M]//KESSELF,SIEGEL A. The child and other cultural inventions, New York:Praeger,1983:188-215.

[116] YOSHIKAWA H, LEYVA D, SNOW C E, et al. Experimental impacts of a teacher professional development program in Chile on preschool classroom quality and child outcomes[J]. Developmental psychology,2015,51(3):309.

[117] ZHONG C B, LEONARDELI G J. Cold and lonely:Does social exclusion literally feel cold? [J]. Psychological science, 2008,19(9):838-842.

中文文献:

[1]陈奎熹.教育社会学研究[M].台北:师大书苑有限公司,1992.

[2]程晓樵.课堂互动中的均等机会:对中国小学的个案研究[D].香港:香港中文大学,2000.

[3]范海霞,卢清.基于师幼平等视角下的师幼互动[J].幼儿教育(教育科学),2010(1/2):34-37.

[4] 郭芸芸.幼儿园游戏活动中师幼互动现状研究[D].重庆:西南大学,2004.

[5] 郭明哲.行动者网络理论(ANT):布鲁诺·拉图尔科学哲学研究[D].上海:复旦大学,2008.

[6] 黄瑾.学科教学知识与幼儿园教师的专业发展[J].幼儿教育(教育科学),2011,532(36):26-28.

[7] 黄瑾,田方.学前儿童数学学习与发展的核心经验[M].南京:南京师范大学出版社,2015.

[8] 黄娟娟.幼儿园半日活动中师幼互动类型及成因的社会学研究[J].上海教育科研,2009(2):43-46.

[9] 黄娟娟.师幼互动类型及成因的社会学分析研究:基于上海50所幼儿园活动中师幼互动的观察分析[J].教育研究,2009,30(7):81-86.

[10] 黄娟娟.对积极有效师幼互动的探索和思考[J].幼儿教育(教育科学版),2010(6):7-8.

[11] 霍力岩.教育的转型与教师角色的转换[J].教育研究,2001(3):70-71.

[12] 胡伊青加.人:游戏者[M].贵阳:贵州人民出版社,1980.

[13] 巨金香.情感视域中的师幼互动研究[D].长春:东北师范大学,2006.

[14] 贾丽娜,田良臣,王靖,等.具身教学的设计研究:基于身体参与的多通道整合视角[J].远程教育杂志,2016,34(1):82-89.

[15] 教育部基础教育司.《幼儿园教育指导纲要(试行)》解读[M].南京:江苏教育出版社,2002.

[16] 姜勇,庞丽娟.幼儿园师生交往类型的研究[J].心理科学2004,27(5):1120-1123.

[17] 亢晓梅.师生课堂互动行为本质的社会学分析[J].天津市教科院学报(课程与教学研究),2000(6):29-31.

[18] 亢晓梅.师生课堂互动行为策略研究[D].重庆:西南大学教科

所,2000.

[19] 刘花雨.师幼交往中幼儿主体性素质建构的性质[D].西安:陕西师范大学,2007.

[20] 刘晶波.社会学视野下的师幼互动行为研究:我在幼儿园里看到了什么[M].南京:南京师范大学出版社,2006.

[21] 李林慧.早期阅读教育活动中的师幼互动分析:浅谈教育活动评价计分系统(CLASS)的运用[J].幼儿教育,2010(28):24-26.

[22] 李瑾瑜.关于师生关系本质的认识[J].教育评论,1998(4):34-36.

[23] 柳卫东,左瑞勇.师幼互动的理论基础与实践背景[J].学前教育研究,2004(1):52-53.

[24] 卢乐珍.关于"师幼互动"的认识[J].早期教育,1999(4):28-29.

[25] 林崇德,申继亮,辛涛.教师素质的构成及其培养途径[J].中国教育学刊,1996(6):16-22.

[26] 罗鸣.教师与幼儿建立和谐人际关系的重要意义[J].福建教育与研究,1990(3):16-18.

[27] 马玲亚.对幼儿园师幼互动若干问题的思考[J].中华女子学院学报,2005(2):65-68.

[28] 毛新巧.从改善师幼互动到促进幼儿多向互动[J].学前教育研究,2006,(1):37-39.

[29] 聂懿.幼儿园小班生活活动中师幼互动研究[D].保定:河北大学,2010.

[30] 裴娣娜.教育研究方法导论[M].合肥:安徽教育出版社,1997.

[31] 庞丽娟.教师与儿童发展[M].2版.北京:北京师范大学出版社,2003.

[32] 浦月娟.幼儿园学习与非学习活动中师幼互动比较[J].学前教育研究,2009,171(3):40-43.

[33] 皮雅塔,涂阳慧.师幼互动研究[J].幼儿教育(教育科学).2009(6):9-11,16.

[34] 丘洁.对方案教学中师幼互动行为的思考[J].学前教育研究,

2002,(2):66-67.

[35] 覃江梅.幼儿园师幼言语交往研究[D].桂林:广西师范大学,2004.

[36] 沈琴芳.生活活动中师幼互动的现状分析及建议[J].幼儿教育,2009,(7):16-18.

[37] 孙晓敏,张厚粲.表现性评价中评分者信度估计方法的比较研究:从相关法、百分比法到概化理论[J].心理科学,2005,28(3):646-649.

[38] 孙凡云.幼儿园集体教学活动中的师幼互动研究[D].济南:山东师范大学,2011.

[39] 陕西省人民政府办公厅关于印发第二期学前教育三年行动计划(2014—2016年)的通知[J].延安市人民政府政报,2014,104(11):12-15,9.

[40] 田方.幼儿园半日活动情境下的师幼互动研究:基于CLASS课堂互动评估系统的观察分析[D].上海:华东师范大学,2012.

[41] 吴康宁.教育社会学[M].北京:人民教育出版社,1998.

[42] 吴康宁.课堂教学社会学[M].南京:南京师范大学出版社,1999.

[43] 王家瑾.从教与学的互动看优化教学的设计与实践[J].教育研究,1997(1):51-55.

[44] 王文乔.教育机会均等视野下师幼互动研究:以上海市A幼儿园中班为个案[D].重庆:西南大学,2008.

[45] 王文静.社会建构主义研究[J].全球教育展望,2001,30(10):15-19.

[46] 王烨芳.幼儿园数学教育活动中的师幼互动[D].上海:华东师范大学,2005.

[47] 王国珍.试论语文教学的隐性互动[D].长沙:湖南师范大学,2004.

[48] 项宗萍.从"六省市幼教机构教育评价研究"看我国幼教机构教育过程的问题与教育过程的评价取向[J].学前教育研究,1995(2):31-35.

[49] 肖思汉.听说:探索课堂互动的研究谱系[M].上海:华东师范大学

出版社,2018.

[50] 肖思汉,德利马.基于视频的学习过程分析:为什么？如何做？[J].华东师范大学学报(教育科学版),2017,35(5):55-71.

[51] 肖思汉.课堂影像拍摄与转录的若干议题:基于互动分析方法的探讨[J].教育学报,2013,9(2):44-50.

[52] 叶子,庞丽娟.师生互动的本质与特征[J].教育研究,2001(4):30-34.

[53] 叶子,庞丽娟.试论师生互动模式形成的基本过程[J].教育研究,2009,30(2):78-82.

[54] 叶子.师幼互动的内容分布及其特征[J].幼儿教育(教育科学),2009(3):10-12.

[55] 叶子.师幼互动与幼儿的主体性发展[J].幼儿教育(教育科学),2009(3):21-23,27.

[56] 叶浩生.具身认知:认知心理学的新取向[J].心理科学进展,2010,18(5):705-710.

[57] 杨丽珠,吴文菊.幼儿社会性发展与教育[M].大连:辽宁师范大学出版社,2000.

[58] 姚铮.幼儿园人际环境对幼儿社会性发展的影响[J].幼儿教育,1994(2):7-8.

[59] 幼儿园工作规程[J].幼儿教育,1996(Z1):18-21.

[60] 佐斌.师生互动论:课堂师生互动的心理学研究[M].武汉:华中师范大学出版社,2002.

[61] 章人英.社会学词典[M].上海:上海辞书出版社,1992.

[62] 周欣.师幼互动和教育环境创设[J].幼儿教育,2005(19):10-12.

[63] 周欣.试论教师在游戏中的作用[J].学前教育研究,1990(4):15-18.

[64] 周欣.教师—儿童互动质量评定的行为指标初探[J].早期教育,2004(4):6-8.

[65] 周欣.托幼机构教育质量的内涵及其对儿童发展的影响[J].学前教育究,2003(7/8):34-38.

[66] 钟启泉."课堂话语分析"刍议[J].全球教育展望,2013,42(11):10-20.

[67] 郑旭东,王美倩.从离身走向具身:创造学习的新文化[J].开放教育研究,2014,20(4):46-52.

[68] 张承芬.教师素质学[M].济南:济南出版社,1990.

附 录

一、访谈提纲

访谈时间：

访谈地点：

1. 您认为和谐的师幼关系应该是什么样的？
2. 您所认为的师幼互动是指什么？它包含哪些内容？请举例说明。
3. 您在一日活动（集体活动、区域活动、运动活动、生活活动）中主要通过哪些方式与儿童进行互动？
4. 您觉得师幼互动中谁处于主体地位？
5. 您一般会在什么样的时机发起互动行为？
6. 什么情况下儿童发起的活动行为较多？
7. 您认为高质量或者有效的师幼互动应该是什么样的？（可以举例说明）
8. 就您的工作经验来看，影响师幼互动的因素可能有哪些？
9. 您自己所掌握的一些师幼互动的策略是从何而来的？
10. 如何才能进一步提高师幼互动的质量？或者说提高师幼互动质量可以从哪些方面做起？

二、幼儿园集体教学活动中的师幼互动存在的问题及建议

（一）问题的提出

师幼互动是教师与学前儿童之间建立良好师幼关系的重要渠道，是保

证教师更好地对儿童进行保育和教育的前提，也是评估幼儿园教育质量的重要指标。通过师幼互动，教师满足儿童的心理需求，促进其健康的心理发展，并形成良好的个性；通过师幼互动，教师传授给儿童道德准则与行为规范，指导其社会行为，促进其社会性的发展；同时还引导儿童认识周围世界，促进其认知能力发展。① 集体教学活动中，教师扮演着教育者、支持者、引导者等多重角色，要为儿童提供良好的班级氛围，师幼互动不仅是互惠的（如教师行为影响着儿童的行为，反之也一样），而且对师幼间关系的发展也有一定的影响。② 师幼互动是师幼双方相互受益的过程，既是儿童接受启发和关注、获得个体发展的重要途径，也是教师进行实践反思并汲取专业成长养分的重要来源，师幼双方在良好的互动氛围中共同发展。

S 省学前教育事业取得长足的发展，在数量和质量上都有了极大的提升，但也存在一些突出的问题。自 2011 年开始实施《S 省学前教育三年行动计划（2011—2013 年）》，"入园难、入园贵"问题得到有效缓解。但同时，学前教育还面临着普惠性学前教育资源总量不足、"大班额"现象比较突出，教师数量短缺、整体素质不高，保育教育质量参差不齐，学前教育监督管理机制亟待加强等突出问题。③ 在新的三年行动计划（2014—2016 年）中，提升学前教育的保教质量势在必行。尽管集体教学活动的质量极为重要，师幼互动问题亟须关注，但目前 S 省有关学前教育的研究多集中于宏观的描述和调查，诸如小学化倾向、农村学前教育现状等问题，较少聚焦于师幼互动的问题和对集体教学质量的关注。因此，本研究将采用录像观察法，依据课堂互动评估系统（classroom assessment scoring system）来深入描述当前 S 省幼儿园集体教学活动中的师幼互动现状，从而为提升集体教学活动质量、促进有效的师幼互动提出建议。

---

① 马玲亚.对幼儿园师幼互动若干问题的思考[J].中华女子学院学报,2005(2):65 - 68.

② SAMEROFF A J,MACKENZIE M J. Research strategies for capturing transactional models of development:The limits of the possible[J]. Development and psychopathology,2003,15(3): 613 - 640.

③ 陕西省人民政府办公厅关于印发第二期学前教育三年行动计划(2014—2016 年)的通知[J].延安市人民政府政报,2014,104(11):12 - 15,9.

（二）研究对象及方法

经过随机抽样，本研究的 60 名样本教师均来自 S 省的省级示范性幼儿园（省城 6 所、S 省南部地区 3 所、S 省北部地区 3 所），在每所幼儿园随机抽取中班教师，对其集体教学活动进行视频录制，并采用问卷调查的方式收集教师的背景资料（年龄、教龄、职称、学历）。样本教师均为女性，平均年龄约为 32 岁，平均教龄约为 12 年。

研究方法方面，观看视频之后，采用课堂互动评估系统（CLASS）（主要包括："情感支持""班级管理""教育支持"三大维度）对教师的集体教学活动的师幼互动行为进行观察记录和分析，在后期对个别样本教师进行再次观察和访谈。

（三）幼儿园集体教学活动中教师师幼互动存在的主要问题

集体教学活动中，存在着大量的互动时机和丰富的互动内容。本研究发现，集体教学活动中师幼互动主要呈现以下特点：在师幼互动内容方面，多以知识技能传递、学前儿童行为管理、情绪情感表达为主；在师幼互动的对象上，多数情况还是属于师班互动，少有师组互动或师个互动；师幼互动的发起方多是教师，而且以行为管理或要求居多。基于量化研究结果发现，本研究的样本教师在集体教学活动中的师幼互动整体水平不高，处于中等偏低水平。结合具体教学情境，目前 S 省幼儿园集体教学活动中师幼互动存在如下普遍的问题。

1. 集体教学活动中师幼互动的"情感氛围"较好，但教师敏感性不足

在"情感支持（ES）"方面教师整体水平中等偏低（$M=4.935$，满分 7 分）。根据对样本教师的观察和分析，发现大多数教师基本上都能做到"教师与儿童交流时会表露出积极的情感"，在尊重幼儿观点的维度上，多数教师会鼓励儿童"请你来说一说，为什么呢/你是怎么知道的"等，但在教师敏感性的维度上，多数教师的得分明显较低（$M=4.22$），根据分析发现，主要与教师自身的专业素养和教学水平有极大的关系，客观上也与教师所在班级的儿童人数有关。例如，教师时常会规避教学中儿童出现的非期待性答案，较少关注儿童的"奇思妙想"，对于儿童在集体活动中的一些非期待性行为并未予以关注，常常会错失很多互动契机。在"情感

支持（ES）"方面，大多数教师基本上能够做到保持较为积极的情绪，与儿童建立相对融洽的关系，为儿童提供相对积极的班级情感氛围，但教育敏感性不足。

2. 集体教学活动中教师的"班级管理"缺乏灵活性

在"班级管理（CO）"方面，样本教师在"行为管理（BM）"这一维度上的水平稍高，主要表现为教师"能够在教学中提出清晰的行为期望，能使用有效的方式方法来防止和纠正儿童的不当行为"，而在"教育学习安排"方面，教师的整体水平较低，主要表现在教师基本上难以做到"最大限度地利用儿童的兴趣，让儿童最大限度地参与活动，以及让儿童从课程和活动中获得最多的学习能力"。在对样本教师的集体教学活动的观察中发现，多数教师在活动中往往非常注重维持纪律，但明显缺乏灵活性。例如，有时候在启发性提问之后，很多儿童都积极、踊跃地回答，教师则急于维持班级秩序，而并未考虑儿童对话题本身的兴趣和参与的性质，从而错过师幼互动的最佳时机。如在一次集体教学活动中，J教师提问："你喜欢恐龙吗？为什么？"幼儿A表现出极大的兴趣，顿时跳起来："我喜欢，我知道很多种恐龙的名字……"这时J教师则非常严肃地指着幼儿A："请你坐好，我不喜欢上课没有规矩的孩子……"幼儿A无奈地坐下后，明显没有之前的积极性了。因此，虽然较好的班级常规是教师进行正常教学活动的必要前提，但并非只是对儿童的非期待行为的阻止，更多的应该灵活地应对。

3. 集体教学活动中师幼互动教师"教育支持"能力薄弱

在"教育支持（IS）"方面，教师的整体水平在三大维度上最低（M = 3.976），其中"认知发展"方面的平均得分最低（M = 4.03）。教师在"教育支持（IS）"这一维度上的表现最能体现其专业能力以及师幼互动的水平，因为它涉及教师的专业素养、学科教学知识以及教学能力，而这些能力大多数是比较隐性的东西，需要在教学实践中不断进行实践反思，在专业基础上细致、深入地观察儿童，分析儿童的行为表现，从而不断提高自身的教学机智和敏感性，动态、敏锐地把握儿童的发展。由于本研究中多数样本教师的学历不高，甚至并非学前教育专业出身，因此，在师幼互动中领域教学知识和教学语言方面表现不甚理想，这些是影响其"教育支持（IS）"方面水平的重要因素。下面一则案例就反映了因教师领域教学知识的薄弱而导致集体教学质量不高。C教师在一次中班的科学领域集体教学活动"有趣的静电"中的表现：在教学一开始，C教师先让儿童用气球在头发上摩擦，之后再吸到身体上，感受静电的存在。儿童在这一环节中完全沉浸在摩擦气球的游戏中。游戏结束后，C教师直接告诉孩子们："气球为什么会吸在身上呢？因为产生了静电，这个就叫静电现象。那小朋友你们有没有在生活中见过静电现象呢？"这时幼儿A积极、踊跃地喊了出来："教师，我在我们院子里见过圆形的静电……"幼儿B跟着喊出来："我家也有长方形的静电……"于是小朋友都开始激烈地比拼"谁见过的静电厉害"，活动顿时有些失控……但C教师并未就孩子们的讨论进行总结和归纳，很快就进入下一环节——看看生活中有关静电的图片……在这一段集体活动的观察记录中，C教师没有澄清应该教的科学领域的核心经验"静电"，静电本身是看不见的，一定要借助材料才能体现，C教师自己对于这个科学活动的核心经验并没有一个清晰的把握，没有在把握儿童已有经验的基础上对儿童进行有效的知识传递，教学中也没有运用恰当的教学语言进行符合儿童认知水平的解释。在整个活动中，明显可以感觉到C教师总是想要儿童回答出她期待的答案，不断地诱导儿童朝着自己预设的环节过渡，急于完整地按照教案的预设完成整个活动环节，儿童常处于类似于"赶场子"的状态，并没有提供"鹰架"教学。因此，教师是否良好地掌握相应领域的核心经验是其能否顺利实现教学目标的基础。

四、提升幼儿园集体教学活动中教师师幼互动行为的建议

影响师幼互动质量的因素是多方面的，既包括教师自身的专业素养、知识背景、教育观、性格特点等因素，也与儿童的性别、性格等因素相关，教师所在幼儿园的园所环境、家长与社会期望等也会影响师幼互动的质量。[1] 针对上述教师在师幼互动中存在的问题特提出如下建议以供参考。

---

[1] 田方.幼儿园半日活动情境下的师幼互动研究：基于CLASS课堂互动评估系统的观察分析[D].上海：华东师范大学,2012.

（一）不断提高自身的专业知识和专业实践能力

舒尔曼研究指出，教师的学科教学知识（PCK）是指教师将自己所掌握的学科知识以一种学生易于理解、易于接受的形式呈现给学生的一种能力，它具体表现为教师知道使用怎样的演示、举例、类比等来呈现学科内容，了解学生的理解难点。[1] 本研究发现，教师在教育支持的能力上薄弱，部分教师在教学活动中常常不能很明确地向幼儿澄清相关的知识概念，正如上述案例中教师自身的领域教学知识（PCK）水平，会极大地影响集体教学活动的质量。本研究中部分幼儿园教师并不具备学前教育专业背景，还有些教师是转岗教师，他们虽教龄较长，但由于缺乏学前教育专业的知识和能力，在组织教学活动上还是存在一定的问题，对于如何与儿童进行高质量的互动更是存在很多困惑，因此，教师需要在工作的过程中深入理解五大领域的核心经验，不断地进行教学反思和总结，立足于儿童认知发展的特点与水平，在教学中采用易于儿童接受的教学方法，进而提高集体教学活动中师幼互动的质量。

（二）在实践中提升观察分析能力，深入了解儿童，增强自身的教育敏感性

良好的师幼互动要求教师要能适时地转变角色，建立良好的师幼关系，同时也需要教师自身具有敏锐的洞察力，恰当地把握教育契机，提高教育机智。教师对儿童的深入了解一定是建立在细致观察的基础上，教师在日常活动中要通过观察、交流、反馈、反思等环节关注儿童。正如，在后期访谈中一位教师反复提道："作为教师要真正地了解儿童的最近发展区，才能为儿童的进一步发展提供有效的指导。师幼互动是一个动态的过程，其中常有突发事件，如儿童的反常行为、儿童注意力不集中等，对教师的教育机智都是极大的考验，有时候还是需要专业素养和个人悟性的结合……"由此可见，教师在与儿童的交往过程中只有通过不断的观察、反思、再实践，才能逐渐做到"随机应变"。这种教育敏感性的培养，一方面需要教师积累丰富的教育经验，在经验中反思和总结；另一方面，教师

---

[1] SHULMAN L S. Those who understand: Knowledge growth in teaching[J]. Educational researcher, 1986, 15(2): 4-14.

可以多观摩一些互动质量较高的教师组织的活动，从中汲取经验与教训。

（三）在集体教学活动中要恰当地运用教学语言

在 CLASS 评分记录中，教师在教育支持中的"反馈质量（QF）""语言示范（LM）"方面都表现出较低的水平，须知教学语言的使用直接关系到集体教学活动中师幼互动的质量。在集体教学活动中师幼之间以问答式互动为主，在有效提问方面，需要教师能够充分地掌握提问技巧，以开放式、启发式的提问为主，激发儿童参与活动的兴趣，进一步促进儿童的思考和探究；在对儿童的提问和行为的反馈方面，教师要尽量为儿童理解某个概念或解决某个问题提供支架，还要能够提供额外的信息以拓展和延伸儿童的理解或探究。此外，还要重视师幼之间、幼幼之间的语言交流和分享，引导儿童阐述解决问题或思考的过程，例如：多问问"你是怎么想的"，而并非"你是不是……想的"，后者会促进儿童思考、表述，增加反馈的回路，增加互动的机会。除此之外，教师还要能够把复杂抽象的教学知识转化成易于为儿童理解的方式表达出来，同时不断地进行强化，以延伸儿童的思考。

后　记

　　时光荏苒，自 2010 年硕士研究生毕业论文选题为"幼儿园半日活动情境下的师幼互动"，至今已过去 10 余年。在此期间，我一直没有淡漠对师幼互动研究的兴趣和热情，从最初的 CLASS 视角观察师幼互动，到读博期间开始了解课堂互动分析，我对师幼互动有了更深入的思考。

　　首先，非常感谢我的恩师黄瑾教授。她带领我深入一个个充满惊喜和挑战的课题研究，并给我提供了诸多锻炼的机会，丰富了我的专业视野，也使我在学习和工作中积累了丰富的经验，成长了许多。在 2010 年我基本确定了"师幼互动"这一研究话题之后，从最初的选题、去幼儿园观察记录、访谈、研究结果的分析、论文的修改到最终定稿，黄老师一次又一次耐心、细致地手写批注，提出修改建议，使我真切地感受到她严谨的学术态度和细致的做事风格，这些都是值得我学习的。

　　其次，感谢华东师范大学学前教育系 PCK 团队的各位老师，特别是姜勇教授和钱琴珍老师在 2010—2012 年间对 CLASS 研究付出的心血，在研究方法和收集数据阶段给我们一次又一次细致的指导，带领我们发现问题、解决问题。还要感谢李玉华老师在百忙之中帮助我们联系诸多幼儿园，使研究得以顺利展开。此外，还要感谢美国芝加哥埃里克森儿童研究所的陈杰琦教授在本研究中的悉心指导，以及此研究所 Charles Zhang、文小莉老师和张银娜博士一次次耐心而详尽地答疑解惑和在本研究的统计上给予的支持和督导。当然还要感谢 2009 学研 12 位参与 CLASS 研究的同学，没有他们的不辞劳苦就没有本书第三章内容的顺利完成，尤其是研究后期刘畅与我一同为了共同的研究课题整理观察单，风雨无阻地去幼儿园观察、访谈。还要感谢 161 名幼儿园教师的积极配合，特别是 3 所幼儿园的 5 位教师对我论文的开展给予了诸多帮助与支持。此外，在读博期间有幸旁听了肖思汉老师的课堂互动分析课,我开始接触和了解课堂互动分析领域,开始理解课堂互动的"身体"转向,并着手本书的第五章研究。同样感谢我的挚友刘畅博士,自从 2010 年开始一同参与师幼互动研究,此后多年来与我进行各方面的学术交流和讨论,在本书第五章的写作中,与我分享了多重理论视角,并通过共同的阅读,使我了解了有关互动更多的前沿内容,使得微观分析得以细致、深入。

感谢陕西师范大学教育学部学前教育系的两位研究生魏子怡、高媛媛后期的文字校对和整理。感谢陕西师范大学出版总社钱栩老师对本书出版的辛勤付出。

谨以此书作为我对一段求学生活的致谢,以及对 10 年来关于师幼互动研究的思考和不完满的小结。在未来的日子里,我会继续关注幼儿园场域的互动,进一步拓展师幼互动的深度和广度。